AF547829

Wie ein Guru zur Toilette schwebt

Ein Weg zur Gelassenheit für Nicht-Esoteriker und Stressgeplagte

von

Len Mette

Bibliografische Information der Deutschen Nationalbibliothek:
Die Deutsche Nationalbibliothek verzeichnet diese Publikation in der Deutschen Nationalbibliografie; detaillierte bibliografische Daten sind im Internet über http://dnb.d-nb.de abrufbar.

Wie ein Guru zur Toilette schwebt
Len Mette

1. Auflage
April 2018

D-69231 Rauenberg (Kraichgau)
info@DerFuchs-Verlag.de
DerFuchs-Verlag.de
Lektorat/Korrektorat: Sabrina Georgia,
Sabrina.Georgia@DerFuchs-Verlag.de

ISBN 978-3-945858-59-2 (Taschenbuch)
ISBN 978-3-945858-60-8 (ePub)

Mein besonderer Dank gilt einigen Personen, die mir bei den Recherchen zu diesem Buch aktiv geholfen, oder mich wesentlich zur Realisierung inspiriert haben, ohne dies zu wissen. Ich danke:

PD P. Dr. Rudolf B. Hein O.Praem. - Yongey Mingyur Rinpoche - Miles Kessler - Karl Semelka - Andrea Moll - Michael Epke-Wessel - Sandra Heuschmann - Markus Winkelmann - Chung Ja Bertelmann – Corinna Köbler - Janine Kaiser - Jürgen Feldmann - Michael Swakowski

Inhaltsverzeichnis

Vorwort: Mein Selbstexperiment

Heute ist der Tag, an dem ich einen Entschluss gefasst habe. Ich habe beschlossen, ein Selbstexperiment zu wagen. Ein Selbstexperiment für das ich mir ein Jahr, vielleicht mehr, vielleicht auch weniger Zeit nehmen werde. Es ist nichts Gefährliches. Ich will weder einen Ozean durchschwimmen, noch will ich mich ein Jahr lang von Fastfood ernähren oder sowas. Ich will nicht den Iron-Man-Wettbewerb gewinnen und auch nicht Schlagzeilen als kühner, aber leider verunglückter Freigeist machen. Es ist viel einfacher. Ich möchte mich mit etwas beschäftigen, das mich immer interessiert hat, für das ich mir aber bis vor Kurzem nie Zeit genommen habe. Vielleicht widmete ich dem Thema auch keine Zeit, weil es in gewisser Weise Tabus beinhaltet oder in der breiten Öffentlichkeit nicht als ganz seriös angesehen wird. Ich habe allerdings bereits zum jetzigen Zeitpunkt lernen müssen, dass diese Sicht nicht ganz korrekt sein kann. Das ist der Grund, weshalb ich nun einfach ›Nägel mit Köpfen‹ machen werde, um für mich selbst jeden Zweifel auszuräumen. Ich möchte mich ein Jahr lang in intensiver Meditationspraxis üben und sehen, was das mit mir anstellt. Ich will herausfinden, was sich hinter diesem mystischen Begriff verbirgt und was davon nur Hokuspokus aus der Feder von Menschen ist, die der Realität ohnehin nicht ganz zugewandt sind. Wohlgemerkt kann dies nur meine ganz persönliche Interpretation der Dinge sein, die eine andere Person völlig anders sehen würde.

Die Begriffe ›Meditation‹ und ›Achtsamkeit‹ sind mir bereits seit einiger Zeit nicht ganz fremd, denn ich war krank. Ich war sogar sehr krank. Mich hat eine – Achtung, jetzt wird´s pathetisch – lebensbedrohende Krankheit heimgesucht, die den Namen ›Depression‹ trägt. Lebensbedrohlich nicht etwa deshalb, weil dem betroffenen Patienten die Gefahr irgendeines Organversagens droht. Nein, die Krankheit ist vielmehr faktisch lebensbedrohlich, weil ein nicht unerheblicher Anteil der von ihr Betroffenen in den Suizid getrieben wird. Dies zumindest besagen die Erklärungen meiner behandelnden Ärzte und als wäre dies nicht einschüchternd genug gewesen, musste auch ich letztendlich in meinem direkten Umfeld schmerzlich erfahren, wie real diese Gefahr ist. Der psychische Druck des Gefühls, keinerlei Lebensgrundlage mehr zu haben, gepaart mit der ›Angst vor der Angst‹, dass diese ausweglose Lage niemals enden wird, führt in vielen Fällen in eine derart große Verzweiflung, dass nur noch dieser letzte Ausweg in Frage zu kommen scheint. Und so richtig einschüchternd wird diese abstrakte Beschreibung exakt in dem Moment, in dem man diesen Gedankengang wirklich gut nachvollziehen kann und gleichzeitig wahrnimmt, dass man beginnt, sich einem völlig abwegigen Konstrukt des eigenen Hirns hinzugeben.

Ich selbst hatte Glück im Unglück, denn man konnte mir rückblickend früh genug beibringen, die Krankheit in

Schach zu halten. Man zeigte mir, wie ich mich stattdessen wieder mit lebensbejahenden Gedanken befassen konnte. Fast drei Monate habe ich dazu in einer psychosomatischen Klinik verbracht, bin anschließend ambulant weiterbehandelt worden. Beinahe ein Jahr lang musste meine Versicherung für meinen Lebensunterhalt aufkommen, da ich nicht in der Lage war, selbst dafür zu sorgen. Zu meinem Glück im Verlauf dieser Krankheit gehörte es auch, dass mein Gehirn offenbar in einen Notfallmodus geschaltet hatte. In diesem Rahmen arbeitete es völlig normal. Es gab also keine organische Beeinträchtigung, die hätte behandelt werden müssen. Auch das war ein Grund, weshalb man meinem Wunsch nachkam, mir keine Psychopharmaka zu verabreichen, sondern meine Behandlung mittels Gesprächstherapie, Achtsamkeitstraining und mit der Meditation verwandten Techniken zu gestalten.

Zunächst verwehrte ich mich dessen, hatte Angst zu einer pseudospirituellen Witzfigur zu werden, die nie wieder am normalen Leben teilnehmen könnte. Nach etwa eineinhalb Monaten Klinikaufenthalt wurde mir jedoch schlagartig bewusst, was dieses mentale Training für mich tun konnte, welche positive Macht es innehatte. Ich fing an, von selbst zu recherchieren und zu meditieren. Ich begann zu heilen.

Im Nachgang der Therapie habe ich beibehalten, was ich lernte und es ging mir über Monate hinweg besser und besser. Meine Lage stabilisierte sich. Ich konnte wieder in meinem Beruf als Projektleiter arbeiten und meinen nebenberuflichen Aktivitäten als Musiker, Autor und freier

Redner nachgehen. Auch die ambulante Therapie wurde beendet, da man zu sehen glaubte, dass ich wieder völlig in Ordnung war. Zu diesem Zeitpunkt hielt ich meine Erlebnisse in einem Tagebuch fest, das unter dem Titel ›Burn-Out oder voll Banane?!‹ erschien und bereits viele Erkenntnisse zur Meditation im Hinblick auf meinen Genesungsprozess beinhaltet. Diese werden wohl auch in der vor mir liegenden Zeit wieder Erwähnung finden.

Heute habe ich neue Lebensenergie. Ich bin aktiver und leistungsfähiger als je zuvor und spüre, dass mir die bisherige Erfahrung hinsichtlich der Achtsamkeit nicht ausreicht. Ich fühle, dass da noch mehr ist, das entdeckt werden will. Ich wünsche mir, Zeit für diese Entdeckungen zu haben und andere daran teilhaben zu lassen.

Ich bin kein spiritueller Mensch, gehe nicht glaubensgetrieben in die Kirche, lasse mir auf Jahrmärkten nicht die Karten legen und vergrabe auch nichts bei Vollmond im Garten, um für die nächste Ernte vorzusorgen. Vielmehr glaube ich an das, was wohl die meisten Religionen verkünden wollen:

›Sei ein feiner Kerl, zeige Achtung und Hilfsbereitschaft für andere Lebewesen und mach ´nen guten Job auf Erden‹.

Okay, als Definition des Inhalts einer religiösen Botschaft oder der Daseinsberechtigung einer Glaubensgemeinschaft mag das nicht ausreichen und ist auch für meine Fraktion etwas flach formuliert, aber ich denke, es ist schon klar, was ich sagen möchte. Ich bin kein Fan von Glaubensgemeinschaften, die mir mittels menschlicher Hierarchien zu vermitteln versuchen, wie ich meinen Lebensalltag zu gestalten habe. Das war bei mir schon immer so. Jedenfalls finde ich es recht erheiternd, dass sich die Götter unserer Zivilisationen zufällig immer menschliche Sprachrohre zur Verkündung ihrer Botschaften aussuchen, anstatt doch einmal selbst unübersehbar und unmissverständlich das Wort zu ergreifen, Flagge zu zeigen und dem Laden ›Erde‹ mal ordentlich die Meinung zu geigen. Na, wo liegt der Fehler, hm?

Man verstehe mich bitte nicht falsch: Ich bewundere Menschen, die sich ihrem Glauben von Herzen hingeben können, in diesem Kontext anderen Menschen helfen und sich bemühen, die Welt ein wenig schöner zu gestalten. Mir fehlt diese Fähigkeit der bedingungslosen Hingabe an das nicht Sichtbare, beziehungsweise die Folgsamkeit für die weltliche Vertretung des nicht Sichtbaren. Dennoch habe ich durchaus gewisse moralische Werte und finde den Gedanken, dass es mehr zwischen Himmel und Erde gibt, als das, was wir bereits kennen, nicht unsympathisch. Woran ich ganz fest glaube ist, dass mein persönliches Denken und Handeln sich unmittelbar auf meine Umgebung auswirken und sich daher in gewisser Weise fortsetzen. Auf die einfachste Ebene heruntergebrochen bedeutet dies: Bin ich nett zu meinem Nachbarn, so beeinflusst das seine Stimmung. Optimaler Weise positiv, sodass er wiederum nett(er) zu einem anderen Gesprächspartner sein wird. Simpler Zusammenhang. Sollte die weit verbreitete Botschaft der Meditation als Mittel zu einer gelasseneren, positiveren Lebenshaltung also zutreffen, so lohnt es sich für mich, mehr darüber zu erfahren. So mein Gedanke. Irgendwie hängt in diesem Modell alles miteinander zusammen. Wie in einem großen sozialen Netzwerk. Diesen Aspekt werde ich ebenfalls zu beleuchten versuchen.

An dieser Stelle höre ich schon die Kritiker in meinem Kopf:

›Wie kann er sich anmaßen über das Thema Meditation zu schreiben, wo er doch nicht einmal in einem buddhistischen Kloster gelebt hat?‹.

Das ist jedoch ziemlich einfach zu beantworten: ›Ich mach´s einfach.‹ Oder: ›Weil ich´s kann!‹

Mein Anspruch ist kein anderer als der, meine persönlichen Erfahrungen zu teilen, ohne zu behaupten, die Weisheit gepachtet zu haben. Vielleicht wecke ich hier Interesse und dieses Tun führt mich dort zu einem netten Gespräch. Möglicherweise breche ich aber auch ein Tabu mit Nutzen für Menschen, die sich in einer ähnlichen Ausgangslage befinden, wie ich: Stressgeplagte Nicht-Esoteriker auf der Suche nach etwas mehr Ruhe im Alltag.

Was ich denke und umsetze, möchte ich immer gern verstehen. Mein Selbstexperiment wird sich daher also mit der Recherche dessen befassen, was Meditation ist, aber auch versuchen, wissenschaftliche Ansätze zu finden, die Erklärungen zu diesen praktischen Erfahrungen liefern. Selbstverständlich bin ich selbst kein Mediziner oder sonst wissenschaftlich aktiv, weshalb ich in diesem Rahmen nur nach Spuren, Studien und Thesen suchen kann. Die eindeutigen Belege werde ich der Welt vermutlich schuldig bleiben müssen. Ich stütze mich also auf Indizien, die hoffentlich ein sinniges Gesamtbild ergeben, aber natürlich keinen Anspruch darauf erheben, die einzige unumstößliche Wahrheit zu sein. Damit öffne ich besagten Kritikern ganz bewusst Tür und Tor. Ich glaube fest daran, dass jene Techniken, die seit Jahrtausenden praktiziert werden, irgendeine Wirkung auf das menschliche Hirn haben müssen. Genau hier liegt der Ansatz für mich, diesem ›mystischen‹ Tun mehr Fakt und Grundlage angedeihen zu lassen, um es aus der rein spirituellen Welt zu befreien. Zusätzlich ist mir klar, dass ich innerhalb eines Jahres sicherlich viele Erfahrungen sammeln kann, zum unangefochtenen Meditations-Guru allerdings höchstwahrscheinlich nicht aufsteigen werde. Ich werde daher versuchen, entgegen meiner religiösen Überzeugungen, auch eine spirituelle Betrachtung des Themas vorzunehmen und mich hierzu vermutlich in weiten Teilen an fernöstlichen Sichtweisen orientieren. In diesen Regionen scheint die Meditation am deutlichsten beschrieben zu werden. Dies kann mir eventuell mehr Wissen zu den Hintergründen der Meditation vermitteln – so zumindest der Plan.

Inwieweit dies zutrifft oder nicht, werden die vor mir liegenden Monate zeigen. Zu meiner Beunruhigung weiß ich hier und jetzt nicht, ob ich das spannend oder eher beängstigend finden soll. Aber so ist es wohl mit Selbstexperimenten. Ich habe beschlossen, mich mit einem Lächeln ins Abenteuer zu stürzen!

Bewusst werde ich mein Vorhaben nicht in Form eines Tagebuchs dokumentieren. Ich fürchte, dass mich dies zu sehr von meiner Meditationspraxis ablenken und mich stattdessen in Gedankenspiralen lenken würde. Stattdessen werde ich innerhalb der kommenden Monate immer dann meine Erkenntnisse niederschreiben, wenn es welche zum Niederschreiben gibt. Im Anschluss werde ich versuchen, sie sinnhaft zu ordnen, sodass eine nachvollziehbare Informationssammlung entsteht, die jedoch nicht chronologisch geordnet ist. Der erste Teil dieses Buches wird sich daher einigen theoretischen Grundlagen und Begriffserklärungen widmen. Das mag hin und wieder etwas ›trocken‹ anmuten, ist für das weitere Verständnis des praxisorientierteren, zweiten Teils aber unabdingbar. Hier ist also etwas aufmerksame Geduld gefragt!

Meditation. Was ist das?

Meditation. Was ist das eigentlich? Wenn es um diesen Begriff geht, sieht man in Magazinen und TV in aller Regel einen buddhistischen Mönch in einem orangenen Gewand, der mit geschlossenen Augen im Lotussitz unbeweglich vor sich hin atmet oder etwas murmelt. Manchmal hat dieser Meditierende eine Gebetskette in der Hand, befindet sich in einem Raum, umringt von goldenen Gongs und Räucherstäbchen. Manche laufen gar mit gesenktem Kopf umher und murmeln obendrein! Muss man also genau das tun, um zu meditieren?

Was denkt man wohl, während man selbst im orangenen Gewand durch die Gegend spaziert und murmelt? Wird das nicht langweilig? Ist all der Rauch von diesen sicherlich Nicht-Bio-Räucherstäbchen gesund? Was passiert, wenn man mal auf´s Klo muss? Muss man überhaupt noch auf´s Klo, wenn man Erleuchtung erlangt hat, oder schwebt man schlicht dorthin? Vielleicht ist das sogar die wesentliche Frage, um die es sich für den männlichen Guru auf dem Weg zur Erleuchtung dreht. Moment mal... Die haben alle Glatze! Was genau bedeutet das nun für mich und mein Selbstexperiment?

Ich möchte diese geradezu epische Einleitung und damit auch das sicherlich soeben angesprungene Kopfkino des aufmerksamen Lesers unromantischer Weise wieder anhalten. Natürlich zeichne ich an dieser Stelle Klischees. Es sei gesagt, dass viele Menschen ohne Gewand, Glatze und Räucherstäbchen meditieren. Genauso, wie es etliche Menschen gibt, die den Zuspruch Gottes suchen, ohne gleich die Kleidung eines Priesters zu tragen, Weihrauch zu schnüffeln oder ein riesiges Kreuz durch die Straßen zu ziehen. Alles eine Frage der persönlichen Hingabe eben. Je nach Gusto.

Vielmehr möchte ich mich schrittweise der Meditation nähern und den Begriff als solchen und die Bestandteile dieses Denkansatzes betrachten, um mir auf diese Weise zu ermöglichen, einen guten Überblick, abseits von Intensität und Hingabe zu bekommen.

So einfach ist das jedoch nicht, wie ich vorwegnehmen kann. Allein die Vorahnung dessen, was eigentlich Meditation ist, hat mir zunächst einige Zeit der Praxis abgefordert, wobei die Ausübung wiederum das Erlernen einiger nützlicher Grundlagen benötigt. Dieser Zusammenhang wird erst dann deutlich, wenn ich neben der rein sachlichen Definition des Meditationsbegriffs das Zusammenspiel zwischen jenen Grundlagen und der kognitiven und emotionalen Ebene als Gesamtheit des Geistes erläutere. Das klingt für den Einsteiger nun wahrscheinlich recht abstrakt, aber all das braucht keinen Universitätsabschluss, um verstanden zu werden. Das zumindest, konnte ich erleichtert feststellen.

Was es jedoch braucht, ist das Wissen um Zusammenhänge innerhalb eines Gedankenmodells, fernab von wissenschaftlicher Nachweisbarkeit, und eben eine gewisse Disziplin in der praktischen Ausübung. Denn die Ergebnisse dieser Übung sind wissenschaftlich nachweisbar. Aber fangen wir doch am besten klein an.

Meditation grob erklärt

Natürlich gibt es zu einem Begriff, wie ›Meditation‹ auch eine ganz nüchterne Erklärung, die ich an dieser Stelle zumindest in Auszügen zeigen möchte:

›Meditation (von lateinisch meditatio, zu meditari ›nachdenken, nachsinnen, überlegen‹, von griechisch μέδομαι / μήδομαι medomai ›denken, sinnen‹; entgegen landlδufiger Meinung liegt kein etymologischer Bezug zum Stamm des lateinischen Adjektivs medius, -a, -um ›mittlere[r, -s]‹ vor) ist eine in vielen Religionen und Kulturen ausgeóbte spirituelle Praxis. (...) Durch Achtsamkeits- oder Konzentrationsóbungen soll sich der Geist beruhigen und sammeln. In φstlichen Kulturen gilt sie als eine grundlegende und zentrale bewusstseinserweiternde άbung. Die angestrebten Bewusstseinszustδnde werden, je nach Tradition, unterschiedlich und oft mit Begriffen wie Stille, Leere, Panorama-Bewusstheit, Einssein, im Hier und Jetzt sein oder frei von Gedanken sein beschrieben. Dadurch werde die Subjekt-Objekt-Spaltung (Begriff von Karl Jaspers) óberwunden. (...)‹ (Quelle: Wikipedia.org)

Persönlich glaube ich, dass diese Beschreibung einen guten Einblick in das gibt, was auch ich mit Meditation verbinde. Missverständlich finde ich jedoch die Begrifflichkeit des sicherlich korrekt übersetzten ›Nachdenken‹, da nicht jede Art der Meditation mit diesem aktiven Tun in Verbindung zu bringen ist, wie ich im bisherigen Selbstexperiment erfahren durfte.

Die Art der Meditation, mit der ich bisher den meisten Kontakt hatte, bezieht sich eher auf das Gegenteil. Sinn ist es Gedanken zuzulassen, sie aber ebenfalls vorüberziehen zu lassen, ohne in sogenannte Denkspiralen zu versinken. Auf wundersame Weise leert sich der Kopf im weiteren Verlauf und es kehrt eine erfüllende Ruhe ein, die ich noch erklären werde.

Darüber hinaus gibt es Arten der Meditation, die sich beispielsweise mit der Fokussierung auf eine Problemstellung befassen. Der Geist wird in diesem Zuge von störenden Faktoren befreit und lediglich auf jenes Problem fokussiert. Die Gedanken fließen und im Optimalfall tun sich neue Perspektiven auf. So weit so gut. Als aktives Nachdenken würde ich diesen Zustand jedoch nicht bezeichnen, habe ich in diesem Kontext doch eher ein Bild eines Menschen vor Augen, der sich angespannt das Hirn zermartert. In der Meditation bringt man sich hingegen in gewisser Weise zur Ruhe, um die Gedanken schweifen zu lassen. Somit ist die Beschreibung der Bewusstseinszustände im hinteren Teil der Erklärung sicherlich der treffendere Teil gemäß meiner bisherigen Erkenntnis.

Ein weiteres Missverständnis zur Meditation ist ganz eindeutig, dass sie oftmals mit Zuständen der Trance gleichgesetzt wird und damit in vielen Köpfen in die Kategorie des Okkultismus oder Paranormalität gerät. Hier lässt sich jedoch recht klar abgrenzen: Die Trance beschreibt gegenteilig zur Mediation einen Zustand des **nicht**-klaren Bewusstseins. Das Gegenteil, also das ›klare Gewahrsein‹, ist in Wahrheit das eigentliche Ziel der Meditation. Ergänzend werden Trancezustände oftmals durch die Einnahme von Drogen oder entsprechender bewusstseinsverändernder Substanzen erreicht. Eine solche Vorgehensweise ist als kontraproduktiv anzusehen. Einen Grenzfall stellt in diesem Kontext auf den ersten Blick lediglich die Mantrameditation dar, bei der die meditierende Person einen immer gleichen Terminus (Mantra) in einer Art Endlosschleife murmelt, und dazu oftmals rhythmische Bewegungen vollzieht. Dies verfolgt jedoch einen anderen Zweck, als einen Trancezustand zu erreichen. Das werde ich später noch erläutern. Die Erkenntnis an dieser Stelle lautet also: Meditation ist keine Trance und ebenfalls kein Hokuspokus. Es ist sogar möglich, sie gänzlich ohne spirituellen Hintergrund auszuüben. Mir selbst war dies in den Anfängen meines Experiments besonders wichtig.

Wie sich zeigt, ist es also schwierig bei einer Betrachtung des Themas nicht mit verwirrenden und spirituell klingenden Begrifflichkeiten, wie ›Gewahrsein‹ oder ›Geist‹ zu jonglieren. Für mich hören sich diese Begriffe weiterhin einschüchternd an. Ich versuche, sie zunächst als eine Art Vokabel oder als eine mathematische Variable zu betrachten, die lediglich ein Nominativ darstellen, mit dem ich weiterarbeiten kann. Wie auch immer: Ich bemühe mich, diese Nominative für mich besser verständlich und greifbar zu machen und ihnen so den für mich immer mitschwingenden Schrecken der spirituellen Welt zu nehmen.

Nützliche Grundlagen und verwandte Begriffe

Ich erwähnte bereits, dass das Erlernen der Meditation in meinem persönlichen Fall dadurch begünstigt wurde, zunächst einige Grundlagen trainiert zu haben. Diese repräsentieren letztendlich Bestandteile, wie sie auch in der klinischen Therapie hinsichtlich der Behandlung von psychischen Erkrankungen angewandt werden. Sie sind recht leicht zu erlernen, verfehlen ihre Wirkung jedoch keinesfalls. Sie trainieren den Praktizierenden darin, sich mit seinem Inneren zu befassen, sich selbst ›wahrzunehmen‹. Das klingt zunächst recht banal bis befremdlich, ist allerdings exakt jene Fähigkeit, die uns allen oftmals im Alltag verloren geht. Stattdessen eifern wir, wie automatisch gesteuert, unserem Alltag nach und erfüllen die Erwartungen, die man an uns richtet. In diesem Bezug wurde der Begriff ›Autopilot‹ geprägt, der diesen Zustand beschreibt: Wir sind derart damit beschäftigt, das ›Außen‹ (siehe nachfolgendes Modell) zu bedienen, dass die Wahrnehmung des ›Ich‹ vernachlässigt, im Extremfall völlig vergessen wird. Ein Ungleichgewicht entsteht. Das Modell funktioniert nicht mehr als großes Ganzes, was zu Unwohlsein verschiedenster Art, zu Ängsten oder gar zu Krankheiten führen kann. Die ersten Indikatoren hierfür sind jene, die vom Hausarzt oftmals mit dem Begriff ›Stress-Symptomatik‹ beschrieben werden und reichen von simpler Schlaflosigkeit oder Infektanfälligkeit, bis zur

Migräne, Rückenschmerzen, Verdauungsbeschwerden, Hautproblemen, Herz-Blutdruck-Beschwerden, und andere Symptome. Umgekehrt finden solche selbstverständlich nicht in jedem Fall ihre Ursache im Alltagsstress.

Die nachfolgend beschriebenen Techniken dienen also zunächst dazu, durch aktive Selbstwahrnehmung Stress-auslöser zu identifizieren, ihnen den oft unterbewussten Schrecken zu nehmen oder gezielt durch jene Anspannung verursachte Symptome zu reduzieren. Dies ist jedoch kein Allheilmittel.

WARNUNG: Es ist nicht zu empfehlen bei gesundheitlichen Beschwerden irgendeiner Art den Arztbesuch zu vernachlässigen und es stattdessen mit Meditation zu versuchen. Anderweitige Entspannungstechniken wären dann ebenfalls sinnlos. Meditation ist kein Wundermittel! Sie ist sicherlich auch nicht die erste Wahl, um organische Fehlfunktionen zu heilen. Meditation fördert das innere Gleichgewicht. Ein gutes inneres Gleichgewicht begünstigt sicherlich Heilungsverläufe und wirkt gar präventiv im Sinne der Gesunderhaltung. Der Arztbesuch, eine fundierte Diagnose und die gezielte ärztliche Therapie, stehen bei Beschwerden jeglicher Art dennoch unangefochten an allererster Stelle!

›When you feel physically uncomfortable then I think you should take medicine. Go to a doctor quickly. There is a connection between being calm in mind and physical constitution but there

is no opportunity to heal genetic or physical disease with mindfulness only."
Seine Heiligkeit, der 14. Dalai Lama bei einer Fragerunde in Mailand auf die Frage einer Zuschauerin, wie Achtsamkeit und Meditation ihre Krankheiten heilen könne. (Gedächtnisprotokoll, Oktober 2016)

Achtsamkeit / Mindfulness

In der modernen, westlichen Welt hält die Meditation in ihren Grundlagen seit einigen Jahren unter etwas weniger beängstigenden Begriffen Einzug in Therapien, Büros und Volkshochschulkursen. Hier ist von ›Achtsamkeit‹ oder dem passenden Anglizismus ›Mindfulness‹ die Rede. Je nachdem was sich in der jeweiligen Zielgruppe eben besser verkaufen lässt, ändert sich der Begriff, die Thematik ist die gleiche.

Ziel der mit dem Begriff verbundenen und vermittelten Achtsamkeitsübungen ist es in aller Regel, Menschen in die Lage zu versetzten, den von Stress geprägten Alltag wieder erlebbar zu gestalten. Der Weg besteht aus nicht-wertender Betrachtung des eigenen Selbst, des Körpers und der eigenen Lebensumstände. Aus dieser ›Entschleunigung‹ heraus kann man im Optimalfall letztendlich, wie automatisch, neue Erkenntnisse und mehr Gelassenheit für sich und den weiteren Werdegang gewinnen. Dies kann dadurch geschehen, gezielt die Aufmerksamkeit auf Sinneseindrücke, wie Riechen, Fühlen und Hören zu lenken und die eigene Wahrnehmung zu trainieren. So die recht einfach klingende Theorie. Ein spiritueller Bezug wird hier bewusst nicht hergestellt, wenngleich sich diverse Entspannungstechniken nicht von den Grundlagen der buddhistischen Meditationstechnik unterscheiden. Der Anfang besteht aus vermeintlich völlig einfachen Übungen, die den einen oder anderen Teilnehmer hin und wieder an der Ernsthaftigkeit des Tuns zweifeln lassen werden.

›Nimm den Boden unter deinen Füßen wahr. Wie fühlt er sich an? Welche Bereiche deiner Füße berühren wie intensiv den Boden?‹, heißt es in Übungen zur Körperwahrnehmung. Es ist nun einmal der Anfang und in diesem liegt meist die größte Barriere: Sich im Umfeld einer Gruppe Fremder solchen Sprüchen ernsthaft hinzugeben, fällt nicht jedem leicht. Mir jedenfalls nicht. Hier gilt es, den inneren Widerstand zu überwinden. Fortgeschrittene lernen indes, den eigenen Atem wahrzunehmen und aktiv in verschiedene Regionen des Körpers zu ›lenken‹ oder sich auf Dinge, Umgebungsgeräusche oder die eigenen Gedanken zu fokussieren und diese nicht-wertend wahrzunehmen. Dies sind Übungen, wie sie auch in der klassischen Meditation zu finden sind. Man könnte also sagen, jene ›befremdlichen‹ Achtsamkeitsübungen befassen sich damit, ein Ungleichgewicht physischer oder emotionaler Natur, im Trubel des Alltags zunächst einmal wahrnehmen zu lernen, anstatt sich tagein tagaus zu fragen, woher die Beschwerden wohl kommen mögen.

Die Abschaltung des sogenannten ›Autopiloten‹, die Wahrnehmung des ›Hier und Jetzt‹ ist im Rahmen der Achtsamkeitsübungen und auch der Meditation ein ganz wesentlicher Aspekt. Gemeint ist hiermit etwas, das viele von uns sehr gut kennen dürften: Drucksituationen des Alltags und erlernte Verhaltensweisen lassen uns oft ›automatisch‹ funktionieren und reagieren, ohne dabei zu hinterfragen, ob unser Tun angemessen für eine Situation oder gut für uns selbst ist. Und als wäre dies nicht genug, vergessen wir in der Masse dieser Anforderungen und Situationen für uns selbst und unsere Gesundheit zu sorgen. Oftmals weicht der gesunde Egoismus der Angst, den Anforderungen nicht gerecht zu werden. Die Folge: Wir nehmen noch mehr Aufgaben an, verfallen in größeren Stress, nehmen noch weniger eigene Bedürfnisse wahr. Der Kreislauf des ›Autopiloten‹, bei dem nicht hinterfragt wird, dreht sich weiter bis wir schließlich komplett verlernt haben für uns selbst zu sorgen, ›achtsam‹ zu sein und unsere körpereigenen Ressourcen wieder aufzuladen. Am Ende eines Tages fragen wir uns, wo selbiger wohl hingeflogen ist und was wir eigentlich alles erledigt haben. Eventuell ärgern wir uns darüber, gar nicht mehr zu wissen, wie das Mittagessen geschmeckt hat oder es gar komplett vergessen zu haben. Erschöpfungszustände und Krankheiten sind oft die Folge eines solchen Kreislaufs. Wenn hier also von Selbstwahrnehmung oder vom ›sich-selbst-bewusst-sein‹ die Rede ist, so ist dies keineswegs eine spirituelle Metapher. Es geht buchstäblich darum, den Blick auf sich selbst, auf den eigenen Körper und die Gesunderhaltung jenes Systems zu lenken, ohne dies nur auf den Konsum von ›Superfoods‹ und Sportangeboten zu beschränken. Ich denke, dass in einer Leistungsgesellschaft, wie man sie in den westlichen Industrienationen vorfindet, das Wort ›Egoismus‹ oftmals falsch verstanden und unnötig verteufelt wird. Sich um sich selbst zu kümmern, haftet in unserer Gedankenwelt etwas Negatives an. Dies zu tun und sich klar darüber zu sein, was das ›Ich‹ ausmacht, scheint für viele zu beinhalten, ineffizient und unproduktiv in Bezug auf die Gesellschaft und das Umfeld zu sein. Egoismus wird daher vermieden, wo es nur geht. Wie wichtig jedoch ein ›gesunder‹ Egoismus ist, wird deutlich, wenn man einmal die Frage stellt, wie beispielsweise ein Handy dauerhaft funktionieren soll, wenn es nicht irgendwann zum Aufladen an eine Stromquelle angeschlossen wird? Niemand stellt die Ladezeit dieses, für viele so wichtige, Geräts in Frage. Warum ist es also bei unserer eigenen ›Ladezeit‹ so, bei der wir sogar unsere eigene Energiequelle sind? Warum fragt sich niemand, wie ein Mensch dauerhaft ›funktionieren‹ soll, wenn er nicht nachhaltig mit jener Energie versorgt wird, die Nahrungsaufnahme nicht liefern kann? Glücklich sind jene, die in ihrer Freizeit mit sich selbst entspannen und ›aufladen‹ können. Schwierig wird´s bei jenen, die dies verlernt oder niemals erlernt haben, die ihre Freizeit den vermeintlichen Pflichten widmen. In diesen Fällen werden oftmals gar Dinge zu zusätzlichen ›Pflichtterminen‹ im Kalender degradiert, die man eigentlich zur eigenen Erholung plant. Sie werden zu weiteren Terminen, die den Tag und die Aufgabenliste zusätzlich füllen, wie ich selbst erfahren musste. Der ›Termin‹ im Fitness-Studio dient nicht mehr der Erholung, wenn das Hirn ohnehin stetig mit jener virtuellen Aufgabenliste des Alltags befasst ist und beim Sport eben nicht mehr in den ›Sport-Modus‹ schaltet.

Besonders deutlich werden diese Zusammenhänge, wenn man sich vor Augen führt, wie das menschliche Gehirn arbeitet. Ich habe dies bereits in meinem letzten Buch ›Burn-out oder voll Banane?!‹ beschrieben und möchte das Thema noch einmal aufgreifen und zitiere:

›(...) Vereinfacht ausgedrückt, wird der Arbeiterameise von Welt mehr und mehr abverlangt. Dies bringt es mit sich, dass wir versuchen im ›Multitasking-Modus‹ zu arbeiten, also viele Dinge zeitgleich zu erledigen. Leider kennt das Gehirn aber keinen solchen ›Multitasking-Modus‹ - weder bei Frauen, noch bei Männern! Es erledigt die anstehen Aufgaben stets sequenziell. Somit wird es also gezwungen, recht schnell, in sehr kurzen Abständen von Aufgabe A zu Aufgabe B, wieder zurück zu Aufgabe A, hin zu Aufgabe C und erneut zu Aufgabe B zu springen. Dieses Springen wiederum erfordert das Bilden, aber auch das stetige Auflösen neuronaler Verbindungen und verbraucht damit enorm viel Energie, die für diesen Prozess notwendig ist. Noch dazu werden in diesem Zuge feste, zuvor stetige neuronale Verbindungen aufgelöst, die beispielsweise einmal dazu dienten, fokussiert zu arbeiten, Gedächtnisleistung zu erbringen, Entscheidungen zu treffen oder Aufgaben zu priorisieren.
Das Ergebnis ist also ein enormer Energieverlust sowie die Auflösung bewährter neuronaler Verbindungen. Zu gut Deutsch würde ich sagen, dass meine Arbeitsweise der letzten Jahre mein eigenes Hirn in eine Art Matschhaufen verwandelt hat, um

der wissenschaftlich haltbaren Beschreibung der Zusammenhänge mal endgültig abzuschwören. Und hier liegt der sprichwörtliche Hase im Pfeffer: Um diesen selbstzerstörerischen Prozess zu durchbrechen, schaltet das Gehirn in eine Art Notfallmodus, um das Überleben des Organismus zu sichern. Kurz bevor also gar nichts mehr geht, wird der Matschprozess brutal unterbrochen. Leider sieht dieses Überleben jedoch etwas trist aus, denn jener Notfallmodus spiegelt sich in der Depression, in Antriebslosigkeit, Leere und Hoffnungslosigkeit wider. Es ist das reine Funktionieren des Körpers, bei dem der Geist eindeutig zu kurz kommt, denn dieser verzweifelt daran. Voilà: Fertig ist der Zombie.
Aus diesem Grunde erlerne ich nun ein mentales Fokussierungstraining. Stetige neuronale Verbindungen sollen wieder gestärkt werden, um auf diese Weise eine normale Funktionstüchtigkeit des Gehirns wiederherzustellen. Eine wichtige Voraussetzung, wieder entscheidungsfähiger zu werden, komplexe Zusammenhänge zu erfassen und besagte Aufgaben priorisieren zu können. Behält man dieses Fokussierungstraining, das nur zehn Minuten täglich erfordert bei, so sinkt auch die Gefahr des beschriebenen Prozesses, der die nachhaltige Auflösung konstanter neuronaler Verbindungen bewirkt. Jeder, der es einmal ausprobiert wird nun sehen, wie viel Disziplin es erfordert, diese täglichen zehn Minuten auch wirklich zu investieren. Das ist gar nicht leicht. Auch nicht in einer Klinik, in der man sehr viel Zeit für solche Dinge hat. Aber es ist eben auch anstrengend. (...)‹

Es zeigt sich, dass der beschriebene Kreislauf der Nicht-Achtsamkeit ein sehr gefährlicher ist. Dies bedeutet im Gegenzug nicht, dass nun jeder Mensch meditieren muss oder sich der Achtsamkeit verschreiben sollte. Ebenso wird nicht jeder Stressgeplagte irgendwann zum Burn-out-Opfer. Sagen wir, ich hatte an dieser Stelle schlichtweg etwas Pech. Oder aber Glück, weil dies der Anlass war, etwas in meinem Leben zu verändern. Sei es drum: Hier heißt es vielmehr, die Kirche im Dorf zu lassen! Die meisten Menschen sind achtsam mit sich selbst, ohne es zu bemerken. Sie sind in der Lage, Ruhephasen zu nutzen und für sich selbst zu sorgen. Sei es eine Tasse Tee vor dem Kamin, oder auch das abendliche Kochen einer Mahlzeit in aller Ruhe. Erholung hat viele Gesichter. Meditation und Achtsamkeit können jedoch für jene Menschen hilfreich sein, die erkennen müssen, dass diese Art der Erholung sie leider nicht mehr ›aufladen‹ kann.

Die schon ansatzweise beschriebenen Achtsamkeitsübungen wurden übrigens von Jon Kabat-Zinn in ein zusammenhängendes Modell verpackt. Sie werden sowohl in den USA, als auch in Deutschland im medizinischen Bereich, sowie inzwischen auch im Rahmen von Fortbildungsmaßnahmen im Büro-Umfeld vermittelt. Dieses Modell nennt sich ›MBSR‹ oder ›Mindful Based Stress Reduction‹, also achtsamkeitsbasierte Stressreduktion und beinhaltet unter anderem die ›Bodyscan-Methode‹, bei der es darum geht, verschiedenste Regionen des eigenen Körpers, in Stille liegend und mit geschlossenen Augen, zu ›erfühlen‹.

Eine ganz wesentliche Abgrenzung zur Meditation findet sich allerdings darin, dass die beschriebenen Achtsamkeitsübungen insbesondere im klinischen Umfeld dazu dienen, einen aktuellen Zustand, wie Stress oder auch Depressionen zu lindern, also den Umgang mit einer aktuellen Situation überhaupt erst zu ermöglichen. Sie stellen die Frage, wie ich meine aktuelle Situation verbessern und mich im Umgang damit weiterentwickeln kann. Die Meditation widmet sich hingegen der stetigen Entwicklung des Geistes und stellt die Frage, wie ich mich als ›Wesen‹ weiterentwickeln kann. Der Übergang wirkt hier fließend, die Ebenen scheinen jedoch unterschiedlich zu sein. Fernab von jeglicher Definition sind diese Techniken schlicht eines: Sie sind gut, denn sie fördern die wertfreie Wahrnehmung von Körper und Geist.

Autogenes Training

Das sogenannte Autogene Training ist für mich persönlich eine der besten Methoden, erste Erfahrungen der Selbstwahrnehmung zu machen, bzw. zu erfahren, wozu der eigene Geist im Stande ist.

Dieses Verfahren soll gleichfalls dazu dienen, Stresserfahrungen zu neutralisieren und Körper und Geist zur Ruhe zu bringen. Geprägt durch den Psychiater Johannes Heinrich Schultz um etwa 1920, gilt es beim autogenen Training, Entspannungszustände mittels Autosuggestion zu erzeugen. Der Praktizierende legt sich beispielsweise auf den Rücken und stellt sich vor, der eigene Körper würde mit dem Boden verschmelzen. Diese Vorstellung kann durch einfache ›Mantras‹, also durch die Wiederholung des immer gleichen Satzes, wie ›Ich sinke in den Boden ein‹ unterstützt, bzw. verstärkt werden. Im Ergebnis wird man sich in der Tat nach einiger Zeit fühlen, als wäre man schwerer, entspannter und wie in einer Art Hängematte in den Boden eingesunken. Dies ist nur eine Möglichkeit. Mittels autogenem Training besteht ebenfalls die Chance, Schmerzempfinden zu reduzieren, Atemfrequenz und Herzschlag zu verlangsamen und vieles mehr. Das ›angstfreie‹ Auseinandersetzen mit dem entsprechenden Thema dieses Trainings ist maßgeblich und führt zu einem Zustand der Entspannung.

Als sehr angenehm empfinde ich persönlich in diesem Kontext, die Vorstellung eines warmen Energieballs, den ich in verschiedenste Regionen des Körpers schicken kann, um dort entsprechend Wirkung zu entfalten. Sei es die Heilung einer Verletzung oder die Reduzierung von Schmerzen. Hier ist alles erlaubt, der Phantasie sind keine Grenzen gesetzt. Wirklich oft hilft die bloße Vorstellung des ›Ziels‹, diesem in der Realität näher zu kommen. Der menschliche Geist ist ein mächtigeres Werkzeug, als so mancher glauben mag. Man sagt schließlich nicht umsonst: ›Der Glaube versetzt Berge‹. Ich selbst habe schon als Kind Erfahrungen mit diesem Werkzeug sammeln dürfen: Im Glauben, ich wäre imstande zum Superhelden zu mutieren, wenn ich nur das Meditieren erlernen würde, habe ich nichts Anderes geübt und praktiziert, als autogenes Training. Da saß in der Tat ein achtjähriger Junge im Schneidersitz auf der Couch, hatte die Augen geschlossen und konzentrierte sich ganz auf sich selbst. Klingt komisch, ist aber so. Gerade im Moment frage ich mich, ob ich schon damals nachhaltig einen an der Waffel hatte...

Naja, lassen wir das mal außen vor. Ich habe zumindest gelernt diese warme Energie in die unterschiedlichsten Regionen meines Körpers zu lenken, um sie dort ihren Dienst verrichten zu lassen. Zum Superhelden hat´s dann aber leider doch nicht gereicht. Schade eigentlich. Mir schießen noch immer keine Strahlen aus den Händen und fliegen kann ich bedauerlicherweise auch nicht – weder zum Klo, noch sonst wohin –, wie ich neulich beim Sturzflug von der Leiter wieder einmal feststellen durfte.

Superheld hin, Leiter her: Ich denke, dass ein ganz wesentlicher Aspekt beim autogenen Training in der Auseinandersetzung mit sich selbst und einem daraus resultierenden, tiefen Empfinden der Ruhe liegt. Somit sehe ich hier ein optimales Werkzeug zur Stressbewältigung und eine Vorstufe zur Meditationspraxis.

Progressive MuskelRelaxatation (PMR)

Die Progressive MuskelRelaxatation zeichnet sich insbesondere dadurch aus, in entspannter Haltung einzelne Muskelgruppen über den gesamten Körper hinweg, nacheinander gezielt für jeweils etwa ein bis zwei Minuten anzuspannen und wieder zu entspannen, also ›loszulassen‹. Sinnvoll ist es, beim Kopf, also mit der Muskulatur von Augen, Wangen, Lippen und Kiefer zu beginnen und sich über Rumpf und Arme den Körper hinabzuarbeiten. So werden schrittweise alle Partien des Körpers an- und wieder entspannt. Ziel ist es, mit fortschreitender Praxis, ein besseres Gespür dafür zu entwickeln, in welchem Zustand der Anspannung sich einzelne Muskelgruppen im Körper aktuell befinden.

Geprägt wurde dieses Verfahren bereits ab 1929 durch den Amerikaner Edmund Jacobson als ›willentliche Muskelentspannung‹, die Ruhe in den Körper einkehren lassen und insbesondere bei ausreichender Praxis positiv und heilend auf das zentrale Nervensystem wirken sollte. Inwieweit dies jedoch tatsächlich der Fall ist, wurde nicht nachgewiesen.

Nichtsdestotrotz lernt der Praktizierende mit dieser Technik mehr über sich selbst und den eigenen Körper, wie ich durch 10-wöchiges, tägliches Training am eigenen Leibe erfahren durfte. Anfangs fragt man sich auch hier als normaldenkender Mensch, warum man in einem Stuhlkreis sitzend, absolut alberne Grimassen ziehen soll, während man die Gesichtsmuskulatur anspannt. Wer sich dabei einmal die Damen und Herren angeschaut hat, die mit einem gemeinsam in diesem Kreis sitzen, der erahnt, wie er selbst in diesem Moment aussieht. Für mich persönlich jedenfalls eine Situation, die ich eher nicht gesucht hätte.

Eine erschreckende Erkenntnis für mich war zu diesem Zeitpunkt, dass ich zwar alle Muskeln aktiv anspannen konnte, es mit der Entspannung allerdings umso schwieriger wurde. Natürlich bestand das Problem keinesfalls darin, die akute Spannung zu lockern, ein völliges Entspannen und Loslassen einzelner Muskeln war mir jedoch in manchen Bereichen meines Körpers lange nahezu unmöglich. Offenbar hatte ich mich bereits derart daran gewöhnt verspannt zu sein, dass ich es nicht mehr wahrnahm. Es war jedoch eine Verspannung, die wiederum zu Schmerzen führte, was sich als unpraktisch herausstellte.

Erst mit gezieltem Training der Muskelentspannung konnte hier Besserung erzielt werden. Wie ich später erfuhr, war ich an dieser Stelle keineswegs ein Einzelfall. Im Gegenteil geht es sehr vielen Menschen so, doch die meisten werden es vermutlich niemals erfahren, sondern sich stattdessen wegen irgendwelcher Rücken- oder Muskelschmerzen in langfristige ärztliche Behandlung mit erschreckenden Diagnosen begeben.

Für mich war PMR damit nicht nur ein physisches Training, sondern darüber hinaus eine Achtsamkeitsübung: Die Wahrnehmung des eigenen Körpers zu schärfen, ist meines Erachtens ein wesentlicher Aspekt von PMR und daher im Rahmen der vorbereitenden Übungen zur Meditation zu betrachten. In diesem Bezug habe ich von angeblichen Studien gehört, die die entspannende Wirkung von PMR auf den Geist und gelassenere Reaktionen von PMR-Praktizierenden in Stresssituationen belegen sollen. Diese Studien konnte ich jedoch nicht ausfindig machen, sodass eine solche Wirkung aus eigener Erfahrung durchaus denkbar erscheint, aber eben nicht belegbar ist.

Mein Gedankenmodell von Ich, Selbst & Geist

Ideologische Ausgangslage

Die grundlegenden Techniken von Achtsamkeit, PMR und autogenem Training geben mir persönlich ein gutes Gefühl. Ihre Wirksamkeit hinsichtlich der Stressbewältigung ist nachgewiesen, sie werden in der medizinischen Landschaft anerkannt und angewendet. Kein Hokuspokus, keine Spiritualität. Sehr fein!

Die Erfahrung dieser Wirksamkeit hinsichtlich der Therapie und Prävention von Depressionen, die ich selbst auf für mich wirklich erstaunliche Art erfahren habe, lassen für mich nur einen Schluss zu: Da muss noch mehr sein! Bei den Schritten zur ›Gelassenheit‹ die ich bisher unternehme, weiß ich intuitiv, dass dieser Weg noch lang nicht zu Ende ist. Um aber zu erfahren, wo entlang es nun geht, habe ich begonnen, mich mit dem Buddhismus zu befassen.

›Hört, hört! Er befasst sich mit spirituellem Zeug‹, mag Mancher jetzt nicht zu Unrecht denken. Meine Intention an dieser Stelle ist jedoch eine nicht ganz Spirituelle: Ich habe in den letzten Monaten versucht zu verstehen, wie buddhistische Mönche, als Meister der Meditation, diese erlernen. Welche Theorien und Rituale liegen hier vor und welchen Grund hat es? Hokuspokus kann´s wohl nicht sein, also müssen sich greifbare Hintergründe oder zumindest Indizien für mich finden lassen.

Natürlich bin ich nicht in der Lage, die Inhalte des Buddhismus in seinen vielen unterschiedlichen Ausprägungen wiederzugeben und das soll hier auch nicht Sinn und Zweck sein. Dennoch habe ich beim Lesen verschiedenster Texte aus diesem Segment für mich erkannt, dass es im Buddhismus ebenfalls Rituale und Hierarchien gibt, die im Laufe der Zeit von Menschen um einen gewissen, gemeinsamen Ansatz herumgestrickt wurden. Wo Menschen und Glauben sind, existieren auch Machtgefüge und Hierarchien.

So richtig bewusst ist mir dies geworden, als ich mir die Zeit gönnte, an einer Zen-Meditationsgruppe teilzunehmen. Nette Menschen, tolle Meditation. Wirklich! Was meinen Enthusiasmus deutlich dämpfte, war die Erkenntnis, dass man sich offenbar in der dortigen Hierarchie ›hochmeditieren‹ kann. Ja, und man wird ebenfalls genötigt, chinesische Texte zu rezitieren, deren Sinn man dummerweise nicht ansatzweise versteht. Dies soll aus Respekt vor den alten Meistern getan werden. Nun ja, Respekt in allen Ehren, aber meinem Bild von Entspanntheit und Gleichheit, was ich mir vom Buddhismus erhofft hatte, entspricht das leider nicht.

Zusammenfassend haben mich diese Erkenntnisse dazu genötigt, nach den Ursprüngen des Buddhismus zu suchen. In diesem Fall wäre das Siddharta Gautama (*563

v. Chr., †483 v. Chr.), besser bekannt als der historische Buddha. Kein übernatürliches Wesen, oder eine Gottheit oder gar ein Sohn Gottes, sondern salopp ausgedrückt offenbar ein ziemlich schlaues Kerlchen mit charakterlichen Höhen und Tiefen im eigenen Leben. Nur eben, dass sich dieser Mann nach deutlichen Tiefen des eigenen Daseins, irgendwann auf sich selbst besonnen und die Techniken der Meditation maßgeblich mitentwickelt hat. Dabei ist er keineswegs der einzige Erfinder dieser Methoden, vielmehr ist er einem ›Trend‹ seiner Zeit, voll von Gurus, Gottheiten, Sekten und Lehrenden zum vermeintlichen Sinn des Lebens, gefolgt. Er wurde so zu einer echten Koryphäe auf seinem Gebiet. Seine Lehren zur Meditation und die damit verbundenen Erkenntnisse zu den Begriffen ›Mitgefühl‹ und ›der Verbindung aller fühlenden Wesen‹, die ich später noch erläutern werde, hat er an jeden vermittelt, der sich dafür interessierte, ohne den Anspruch zu erheben, der einzige und wahre Meister zu sein. Eine gesunde Einstellung, wie ich finde. Sein Wissen und Können waren laut Überlieferung derart immens, dass er bis heute als ›erleuchtetes‹ Wesen gilt. Wie sich diese Erleuchtung faktisch definiert und was alles mit ihr einhergeht, darauf möchte ich an dieser Stelle nicht eingehen, denn hier wird es in der Tat recht spirituell. Die ursprüngliche Lehre dieses Buddhas, frei von nachträglich hinzugefügter Ideologie irgendwelcher Glaubensgemeinschaften ist es, die ich für absolut Erkenntnisreich hinsichtlich meiner Meditationspraxis halte und auf der ich mein eigenes Gedankenmodell errichten möchte.

Was aber unterscheidet mich noch vom waschechten Esoteriker, wobei ich mit diesem Begriff jenen der Religionswissenschaft und Mystik verbinde, wenn ich nun schon meinerseits beginne, solcherlei Gedankenmodelle zu entwickeln? Bin ich etwa doch ein Guru? Und falls ich einer sein sollte, wie fühlt sich das dann an und wie wirkt es sich auf meinen Toilettengang aus? Die ehrliche Antwort ist: Ich bin keiner und will auch keiner sein. Ich zumindest geh´ auf´s Klo wie jeder andere, gesunde Humanoide.

Die Abgrenzung zwischen Esoterik und alltagstauglicher Meditation liegt für mich in einem recht einfachen, aber wesentlichen Unterschied: Ich benötige keinen allumfassenden und in sich schlüssigen Glauben, keine Gemeinde, mit Menschen, die Lehren und solchen, die sich belehren lassen und ebenfalls kein ultimatives Ziel, das mich erleuchtet oder in ein irgendwie geartetes Paradies katapultiert. Es ist schön, wenn solche Ziele und ein fester Glaube gut für Menschen sind, sie sich dadurch gefestigt fühlen. Für mich ist es jedoch nach wie vor nichts. Stattdessen nutze ich Gedankenmodelle und theoretische Konstrukte ganz bewusst, um mich selbst, beziehungsweise mein Hirn, in einen bestimmten Modus zu versetzen, der mich entspannt und eine andere Perspektive auf die reale Welt einnehmen lässt. Es ist also weniger ein religiöser Akt, sich diese Denkweise anzueignen, als mehr eine Art technischer oder psychologischer Vorgang. Deshalb ist es auch völlig gleichgültig, wie wissenschaftlich haltbar oder in sich schlüssig meine Modelle sind oder ob sie die gleiche Wirkung auch bei anderen Menschen entfalten. Was zählt, ist der Effekt auf mein Denken. MEIN Denken. Ich möchte weder in irgendeiner Form ›Recht‹ behalten, noch für mich beanspruchen ›lehren‹ zu können. Ich möchte stattdessen zeigen, was in meinem Falle funktioniert, nicht mehr und nicht weniger. Die persönliche Erfahrung hingegen, sollte jeder für sich selbst machen, der sich für dieses Thema interessiert. Es wird zu ganz individuellen Erfahrungen und neuen Modellen führen, womit wir bei der grundlegenden Empfehlung Gautamas wären: kritisches Hinterfragen von Lehrenden und der Aufruf zur eigenen ›Erfahrung‹. Etwas klarer wird dies im folgenden Abschnitt.

Das Modell

Ich selbst sehe seit der Zeit meiner Krankheit einen ganz klaren Unterschied zwischen ›Ich‹, ›Selbst‹ und ›Geist‹. Grob beschrieben, könnte man das ›Ich‹ in diesem Hinblick vielleicht als eine Art ›pure Seele‹ oder den vornehmlich emotional funktionierenden, energetischen Teil des Daseins bezeichnen. Das ›Selbst‹ könnte man als die kognitive Summe der Rollen und Aufgaben, die wir im Alltag einnehmen, ansehen und den ›Geist‹ als eine eigenständige Ebene des Bewusstseins, die ›Ich‹ und ›Selbst‹ optimaler Weise miteinander verbindet. Dies ist das Ziel der Meditation. Die Gemeinsamkeit dieser Ebenen ist, dass sie in aller Regel im Körper zu Hause sind. Wobei die spirituellen Zeitgenossen unter uns diese Feststellung, insbesondere für die Ebene des Geistes, so vielleicht nicht in Gänze unterschreiben würden. In ihrer Lehre ist der Geist durchaus ›mobil‹, setzt sich im Universum fort und steht energetisch mit allen fühlenden Wesen in Verbindung. Dahinter steckt die naturwissenschaftliche Erkenntnis, dass Energie im Universum nicht verloren geht oder künstlich erzeugt werden kann. Sie nimmt lediglich andere Formen an. Dies folgt aus dem Energieerhaltungssatz. Sei´s drum!

Gehen wir gemäß Modell nun davon aus, dass der Geist eben das energetische ›Ich‹ beinhaltet. Es sollte somit feststehen, dass diese Energie nicht verloren gehen kann, wovon übrigens laut Überlieferung bereits Gautama gesprochen hat. Aus diesem Grund besteht die letzte Stufe meines Denkmodells ebenfalls aus dem ›Außen‹, der Umwelt, anderen Individuen oder meinetwegen auch aus dem gesamten Universum, denn irgendwo muss diese ganze Energie des Universums ja nun hin, nicht wahr? ›Universum‹ klingt jedenfalls deutlich monumentaler. Monumental oder nicht, energetisch oder nicht, belegbar oder nicht: die Kunst besteht nun darin, innerhalb dieser theoretischen Annahmen alle Ebenen als großes Ganzes zu begreifen, denn selbstverständlich stehen alle in Interaktion zueinander (in der Abbildung durch die Pfeile und gestrichelten Linien angedeutet). Ein nachhaltig schlecht gelauntes ›Ich‹ wird sich über kurz oder lang also auf die körperliche Gesundheit auswirken oder umgekehrt, was uns die schon deutlich belegbarere Psychosomatik vergegenwärtigt. Ein schlecht gelaunter Nachbar wird sich über kurz oder lang auch auf meine Stimmung auswirken und umgekehrt und so weiter. Dieses Beispiel sollte jedem Kleinstädter nur allzu bekannt vorkommen.

Gelingt es uns nun, diese Verbundenheit aller Ebenen nicht nur kognitiv zu verstehen, sondern absolut zu verinnerlichen, führt dies meinem Verständnis nach zum ›völligen Gewahrsein‹ oder der ›Buddha-Natur‹ im buddhistischen Sinne, also letzten Endes zur vielzitierten Erleuchtung oder auch der absoluten Verbundenheit mit allem. An dieser Stelle schwinden die Grenzen zwischen den Ebenen erneut und alles findet in einem großen Ganzen zueinander. Dies zumindest wäre der buddhistische Ansatz, der nach der Auflösung des ›Ich‹ strebt. Meiner Meinung nach ist es jedoch ganz wesentlich in unserer Zeit, dieses ›Ich‹ zunächst einmal wiederzufinden, bevor man es dem Universum übergeben kann, was mich von dieser spirituellen Sichtweise unterscheidet. So viel zum grundsätzlichen Zusammenhang in vereinfachter Form. Mit tiefgründigen Erfahrungswerten kann ich allerdings nicht aufwarten, andernfalls würde ich hier wohl einen ordentlichen Bestseller schreiben, der sich noch in dreitausend Jahren wie geschnitten Brot verkaufen würde.

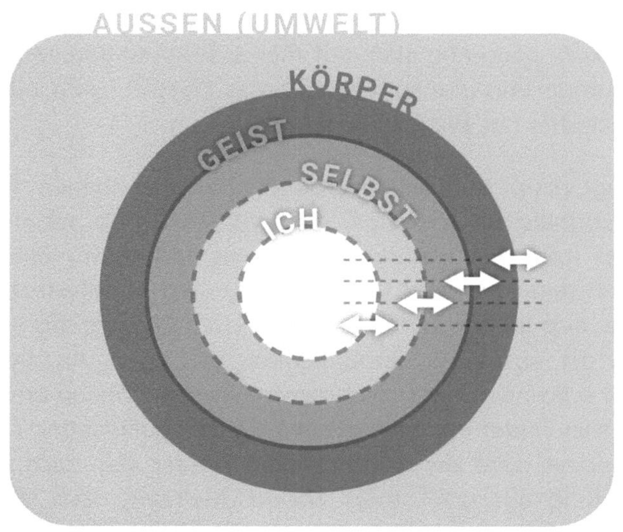

Es sei gesagt, dass es in der Psychologie ähnliche Modelle gibt, die sich mit Ego, Persönlichkeit und Selbst befassen und diesem, meinem eigenen Ansatz, im Aufbau ähneln. Diese spiegeln jedoch nicht in Gänze wider, was meinem persönlichen Erleben entspricht, weshalb ich ein eigenes Modell entwerfe, das keinen Anspruch auf wissenschaftliche Belegbarkeit erhebt.

Mein Modell des Ich-Selbst-Geist-Konstrukts wird sicherlich den einen oder anderen buddhistischen Gelehrten in verständnisloses Kopfschütteln versetzen. Nach Gesprächen mit freundlichen Kollegen dieser Zunft habe ich erfahren, dass das Modell als solches ihrer Sicht der Dinge zwar prinzipiell entspricht, dass die Trennung zwischen ›Ich‹ und ›Selbst‹ in der buddhistischen Lehre allerdings eigentlich nicht vorkommt. Hier sieht man das Pendant zum ›Ich‹ in meinem Modell eher als ›confused part or expression‹ des Geistes. Man betont jedoch: Es gibt viele Sichtweisen und keine ist die ultimativ Richtige. Es kommt immer auf die Selbsterfahrung des Praktizierenden an. Meine persönliche Erkenntnis nach achtzehn Monaten der Achtsamkeit und weiteren zwölf Monaten der intensiveren Meditationspraxis spiegelt somit genau dieses Modell wider, in dem ich beide Ebenen als Teil des Geistes in seiner Gesamtheit weich trennen möchte. Daher die gestrichelte Linie. Für mich sind dort jene Ebenen, die jedoch untrennbar miteinander verbunden sind. Ich kann den Geist derzeit gedanklich weder vom ›Ich‹, noch vom ›Selbst‹ und auch nicht das Ich vom Selbst gänzlich abkoppeln, wie sich gleich noch erschließen wird.

›Folgt meinen Lehren nicht blind und ohne Hinterfragen. Überprüft meine Erkenntnisse mit Hilfe von eigenen Erfahrungen in Eurem Leben, um Eure eigene Meinung zu erfahren.‹
Siddhartha Gautama (hist. Buddha), gem. Überlieferung

Das ›Ich‹

Wie bereits erwähnt, betrachte ich das ›Ich‹ als den emotionalen Teil meines theoretischen Geist-Konstrukts. Hier finden sich alle Gefühle wieder, die uns eben ausmachen. Darüber hinaus ordne ich hier den Teil des

Bewusstseins ein, der einen Menschen individuell macht und zwar von Kindesbeinen an. Zu einem Zeitpunkt, an dem bewusste Erfahrung noch nicht viel an diesem Bewusstsein verändert haben kann. Diese Beschreibung ist etwas dürftig, das ist mir durchaus klar. Das ist aber auch das Schöne an diesem ›Ich‹-Begriff, den ich gern auch als den energetischen Teil des Geistes betrachte. Er ist kaum greifbar und umso schwerer zu beschreiben. Ich denke, dass man genau diesen Teil des menschlichen Seins in westlichen Gefilden als ›Seele‹ bezeichnet.

Wenn ich nun darüber sinniere, dass in diesem Teil des Geistes alle Emotionen beheimatet sind, so möchte ich weiter konkretisieren: Im ›Ich‹ ist für mich die grundsätzliche Fähigkeit zum Empfinden dieser Gefühle beheimatet. Ausgelöst werden sie höchstwahrscheinlich stets von äußeren Einflüssen. So glaube ich nicht, dass ein Mensch aus seinem Naturell heraus beispielsweise ängstlich, liebevoll oder hasserfüllt sein kann. Vielmehr denke ich, dass die Fähigkeit all jene Emotionen zu erleben grundlegend im ›Ich‹ vorhanden ist. Welche Relevanz diese in unserer Persönlichkeit jedoch einnimmt, hängt allerdings von äußeren Faktoren ab, die zunächst unser Selbst und damit auch die ›Ich‹-Ebene beeinflussen. Sollte es mir also gelingen, diese mit positiven Gefühlen zu füllen, bliebe weniger Platz für die negativen Sichten des Lebens. Das würde sich mit einer positiven Haltung gleichfalls auf das Selbst und das äußere Umfeld auswirken. Hier zeigt sich die Wechselwirkung zwischen den Ebenen des Denkmodells. Es sei schon hier angemerkt, dass dieser ›Ich‹-Begriff für die stetige Mediationspraxis aus meiner Sicht sehr wichtig ist. Die ersten Schritte der Fokussierung scheitern häufig bereits an dieser Stufe.

›Was macht mein ›Ich‹ aus, wenn ich einmal von meinen Rollen im Alltag absehe?‹ Das ist eine wesentliche Frage, die viele Menschen nicht beantworten können. Es ist genau diese, die ein Hemmnis darstellt, wenn es darum geht, sich offen mit sich selbst auseinanderzusetzen, um den eigenen Geist zu trainieren!

Das ›Selbst‹

Im Begriff des ›Selbst‹ findet sich nun der kognitivere Teil unserer Persönlichkeit und damit meines Geist-Konstrukts. Das ›Selbst‹ ist dadurch schon wesentlich leichter beschreibbar. Hier finden sich unsere Rollen: Vater / Mutter, Arbeitnehmer/in, und so weiter. In sie schlüpfen wir im Alltag und sie sind damit Teil unserer Persönlichkeit. Aber auch unsere empirische Lebenserfahrung, die erlernten Werte und Normen finden sich auf dieser Ebene. Das Selbst ist daher die erste Adresse, wenn es darum geht, vom Außen beeinflusst zu werden. Erfahrungen der Vergangenheit werden stetig mit aktuellen Geschehnissen verglichen und lösen entsprechende Reaktionen, gemäß der angesprochenen Rolle und des zugrundeliegenden Wertekonstrukts aus. So ist es möglich, in unterschiedlichen Rollen oder Umgebungen völlig unterschiedlich auf vergleichbare Situationen zu reagieren. In der Rolle als

Vater ist man also eventuell etwas weniger aufgeschlossen gegenüber schmutzigen Witzen, als man es in der Rolle des Mitglieds einer Fußballmannschaft ist. Ein Konflikt entsteht im Übrigen immer dann, wenn sich zwei oder mehrere solcher Rollen überschneiden, denn dann ist es fraglich, welche Reaktion nun die passende wäre...

Der ›Geist‹

Mit ›Geist‹ lässt sich in meiner Theorie nun als das Zusammenspiel zwischen ›Ich‹ und ›Selbst‹ beschreiben. Er beinhaltet unsere Individualität und Bewusstsein in Gänze.

Hinsichtlich des Zusammenspiels scheint es so zu sein, dass Situationen oder Einflüsse von außen nicht nur Reaktionen der Selbst-Ebene auslösen, sondern darüber hinaus auch Emotionen in uns, also auf der ›Ich‹-Ebene. Die Gefühle sind wiederum verknüpft mit Reaktionen, die wir im Laufe unseres Lebens als adäquat erlernt haben. Eine solche Reaktion kann eine Aktion, wie beispielsweise die Flucht bei der Begegnung mit einem Löwen, aber auch ein Empfinden sein. Beispielsweise könnte Angst zu Wut werden, weil wir einst erlernt haben, dass sich Angst durch einen entsprechend aggressiven Umgang besser kontrollieren lässt. Hier spreche ich vom ›emotionalen Relief‹ eines jeden Individuums. Dieser Begriff wird auch in der Psychologie (siehe auch: ›Transtheoretisches Modell (TTM)‹) verwendet. Ob mein Bild jenem der Psychologie in Gänze entspricht, vermag ich allerdings nicht zu sagen.

Fakt ist jedoch, dass dieses emotionale Relief uns eben erlernte Emotionszustände für gewisse standardisierte Situationen geradezu aufzwingt. Eine Situation tritt ein, die Gefühle tun ihren Job nach einem zuvor erlernten Schema. Der Geist ist in solch einem Moment nicht ›wach‹, steuert diesen Prozess somit nicht. Von einem wachen Geist sprechen wir, wenn dieser in der Lage ist, eine solche Situation zu erkennen und gelassen Emotionen wahrzunehmen, zu deuten und zu verarbeiten. Torpediert wird dies durch den Alltag. Erwartungen, Ängste und die Anzahl an Aufgaben und Rollen trüben diese Wahrnehmung, sodass wir uns oftmals sogar im Schlaf mit diesen Dingen befassen. Wir befinden uns dann kaum noch im ›Hier und Jetzt‹, sondern befassen uns gedanklich mit dem was war, oder was noch passieren könnte. Diese Gedanken kontrollieren uns, lassen uns nicht schlafen und im Alltag gestresst agieren. Die Gedanken verhalten sich in unserem Kopf wie eine Gruppe Affen, eingesperrt in einem Haus. Dies ist ein im Buddhismus häufig verwendetes Bild für einen Geist, der nicht zur Ruhe kommt. Es ist jenes Phänomen, das dem in Bezug auf die Achtsamkeitsübungen beschriebenen ›Autopiloten‹ nicht ganz fern zu sein scheint.

›Monkey-Mind‹

Yongey Mingyur Rinpoche, ein buddhistischer Gelehrter, erklärt hinsichtlich des eben beschriebenen Geistes, der keine Ruhe findet, den Begriff des ›Monkey Mind‹, wie ich es nachfolgend wiedergeben werde. Ich finde dieses Bild eingängig und schön, sodass ich es an dieser Stelle aufgreifen möchte.

Yongey Mingyur Rinpoche bezeichnet einen Geist mit zu vielen Gedanken und Ängsten als ›Haus voller Affen‹. Was geschieht in einem Haus voller Affen? Die Antwort ist recht einfach: Diese Gruppe stellt den Laden ordentlich auf den Kopf! Es ist laut, eine Stehlampe fällt um, keine Tapete bleibt unbefleckt. Im Nu entsteht Chaos! Es ist nicht möglich, den Affen zu sagen, sie sollen still sein oder sich benehmen. Affen hören bekanntermaßen nicht auf simple Aufforderungen. Stattdessen ist der Hausbesitzer darauf aus, in irgendeiner Form Schadensbegrenzung zu betreiben. Sei es, die Stehlampe in der letzten Sekunde zu retten oder auch die Tapete schnell noch mit einem Tuch abzudecken: Jegliche Handlung wird von den Affen ausgelöst und ist damit nur noch eine Reaktion, die uns, die Hausbesitzer, in allem Ärger dazu nötigt, uns eine vermutlich nicht ganz positive Meinung (in diesem Fall über Affen) zu bilden.

›Affen sind doof! Die machen nur Arbeit und Ärger!‹, denken wir. Die stressauslösenden Affen sind es also fortan, die unser Denken steuern oder zumindest maßgeblich beeinflussen, nicht mehr der freie Geist, nicht mehr wir, die Hausbesitzer.

Mit dieser Misere lässt Yongey Mingyur Rinpoche uns jedoch nicht allein. Er gibt uns einen entscheidenden Hinweis, wie dieses Problem gelöst werden kann. Wie bringt man also eine Gruppe von Affen zur Ruhe? Richtig: Man gibt ihnen einen Job! Sie werden mit Bananen und Nüssen dressiert und beschäftigt, damit sie künftig Aufgaben im Sinne des Hausbesitzers erledigen, der dadurch wieder frei denken kann. Rinpoche spricht davon, die ›Affen zu zähmen‹. Wie von selbst wird sich mit erfolgreicher Dressur auch unsere Meinung zur Affenhorde ändern, die uns nun eher nützt, als hinderlich ist. Ein Perspektivwechsel findet statt.

Ein Weg kann also sein, unsere Gedanken zu zähmen, indem wir uns entsprechender Werkzeuge bedienen, die uns helfen, Ruhe und Ordnung in den Kopf zu bringen. Wilde Gedankenspiralen und ›automatische Reaktionen‹ sollen somit vermieden werden. Der Weg liegt in der Meditationspraxis, dem Training des Geistes und dadurch erlangter Gelassenheit. Wir erlernen die Fähigkeit, unseren Geist zum freien Denken zu nutzen, anstatt ihn ständig von alltäglichen Ereignissen ablenken und beeinflussen zu lassen. Wir erlernen, die Geschehnisse zu sehen und auf sie zu reagieren, uns jedoch nicht von ihnen vereinnahmen zu lassen. Die Vorstufe dazu liegt in Achtsamkeit, Atemübungen und der Stärkung des ›Ich‹.

Vielleicht erschließt sich inzwischen, aus welchem Grunde ich den Weg über eine recht nüchterne Erklärung des Meditationsbegriffs, über den der Achtsamkeit, hin zu einem Modell von ›Ich‹, ›Selbst‹ und ›Geist‹ eingeschlagen habe. Jede dieser Informationen bringt uns im eigentlichen Thema – der Mediation – nicht sehr weit, jedoch kreieren sie ein Gesamtbild, das uns dem Sinn und Zweck des mentalen Trainings allmählich annähert, bevor wir zur Praxis kommen. Als recht faktenbezogenes Gemüt, war dies für mich eine wesentliche Voraussetzung, mich auf dieses Vorhaben überhaupt erst einlassen zu können. Ich möchte nachfolgend versuchen, dieses Bild weiter zu vervollständigen.

Meditation aus der Sicht von Medizin und Wissenschaft

Innere Anspannung und Krankheit

Während der unmittelbare Zusammenhang zwischen Psyche / Geist und Physis in der fernöstlichen Medizin seit je her zu den Grundpfeilern allen Tuns gehört, ist die westliche Schulmedizin in der offiziellen Anerkennung dieses Umstands ein wenig später zu einer ähnlichen Vermutung gelangt. In den frühen 1990er Jahren, also immerhin im letzten Jahrtausend, hat der Deutsche Ärztetag beschlossen, das Fachgebiet der ›Psychotherapeutischen Medizin‹ einzurichten, das ein gutes Jahrzehnt später in ›Psychosomatische Medizin‹ umbenannt wurde. Inhaltlich befasst sich dieses Fachgebiet seither mit ›Prävention sowie Rehabilitation von Krankheiten und Leidenszuständen, an deren Verursachung psychosoziale und psychosomatische Faktoren einschließlich dadurch bedingter körperlich-seelischer Wechselwirkungen maßgeblich beteiligt sind‹. (Quelle: Wikipedia.org).

Natürlich gab es bereits früher eine Vielzahl von Untersuchungen, die hier einen Zusammenhang vermuten, die offizielle Gründung dieses Fachgebiets stellt meiner Meinung nach jedoch den wesentlichen Meilenstein dar.

Ich denke, dies muss eine Art Befreiungsschlag für viele Patienten gewesen sein, die bis dahin mit körperlichen Leiden zu tun hatten, für die sich keine medizinischen Ursachen finden ließen. Ich bin in diesem Kontext Patienten begegnet, die teilweise über Jahre hinweg an Bluthochdruck, Herzrasen, Neurodermitis, Migräne, Schmerzen in Gesicht, Rücken oder Gelenken gelitten haben, ohne dass eine Schmerztherapie oder eines von unzähligen Medikamenten Besserung herbeigeführt hätten. Manche klagten, stets und ständig von einer Erkältung in die nächste zu schlittern, also ›anfällig‹ zu sein. Es müssen also nicht einmal jene Beispiele sein, die mit jahrelanger medizinischen Betreuung einhergehen. Wer hat nicht schon einmal eine Geschichte aus dem Bekanntenkreis gehört, bei dem ein Leiden, sei es eine Hautkrankheit, Schlaflosigkeit oder der unerfüllte Kinderwunsch, dadurch beseitigt wurden, dass ein positives Ereignis oder auch nur Entspannung in das Leben des Betroffenen einkehrte? Der wissenschaftliche Beleg für einen Zusammenhang zwischen solchen Beschwerden, ihrer Heilung und dem Zustand der Psyche eines Menschen ist nach wie vor schwierig. Ich betone abermals:

Lasst euch medizinisch untersuchen, wenn es euch schlecht geht!

Dennoch zeigen die subjektive Erfahrung sowie die dokumentierten Erfolge der psychosomatischen Medizin, dass es diesen Zusammenhang ganz real geben muss.

Diese Disziplin ist daher nicht nur bei den Krankenkassen ein aktuelles Thema, sie wird in den kommenden Jahren wohl noch weiter an Wichtigkeit gewinnen, sofern man die immer steigenden Anforderungen im Alltag und die steigende Anzahl ›klassischer Stresserkrankungen‹ in den Statistiken betrachtet. Bedauerlicherweise weiß ich aus eigener Erfahrung, wovon ich rede.

Körper und Geist als ganzheitliches System

Nur wer Körper und Geist als ganzheitliches System betrachtet, wird ein annähernd vollständiges Bild ihrer Wechselwirkungen erlangen. Somit erhält man ebenfalls eine Idee vom Potenzial einer regelmäßigen Meditationspraxis als Training des Geistes. Ein annähernd vollständiges Bild, denn gemäß buddhistischer Sichtweise ist das Individuum zusätzlich mit allen anderen Lebewesen und dem Universum verbunden. Das will ich an dieser Stelle nicht pauschal ausschließen, fokussiere mich zunächst jedoch auf den medizinisch anerkannten Teil. Das Universum lassen wir also zunächst beiseite, das kommt halt später dran. Auch ein Universum muss sich ja mal gedulden können, nicht wahr?

Wer nun also ein wenig zum Thema Medizin und Meditation recherchiert, wird recht schnell auf die Disziplin der Neurowissenschaft stoßen. Darin beschäftigen sich diverse, schrecklich gebildete Menschen mit dem Thema Meditation und der Auswirkung dieser Praxis auf das menschliche

Gehirn und publizieren entsprechende Studien. Hier finden sich Namen von renommierten Fachzeitschriften, wie das Wissenschaftsmagazin ›Science‹ und Studienträgern, wie das ›Max-Planck-Institut‹ oder die ›Harvard University‹, sodass davon auszugehen ist, dass jene Untersuchungen auf fundierter Basis angestellt wurden. Ich gebe zu: Das Lesen von wissenschaftlichen Studien ist nicht meine Lieblingsbeschäftigung. Ohne fundierte Vorbildung in dieser Richtung auch nicht gerade eine leichte Aufgabe, weshalb ich davon absehen möchte, Details frei zu interpretieren. Während man hier nämlich so vor sich hin liest, stellt man gern einmal fest, dass der soeben gelesene Text obgleich in Hebräisch abgedruckt hätte werden können. Nach dem ersten Satz ist es mit dem tieferen Verständnis oft vorbei, man schweift verzweifelt ab und sucht nach einem zusammenfassenden Abschnitt. Das ist die traurige Wahrheit...

Interessant ist jedoch, was einige Studien als Ergebnis darlegen, die mittels Hirnscans Areale des Gehirns von meditationserfahrenen Menschen, teilweise buddhistische Mönche, oder auch Langzeitbeobachtungen von Menschen mit zunehmender Meditationspraxis angestellt haben:

Hier werden Hirnareale deutlich aktiver und nehmen an Größe zu, die mit positivem Empfinden und Belohnung assoziiert werden. So viel zu den Fakten, die für den Laien leicht nachvollziehbar sind.

Nun könnte man sagen: ›Wer meditiert ist glücklicher.‹ Jedenfalls wäre das die Essenz, die ein Boulevardblatt daraus ziehen würde, um eine knackige Überschrift zu haben. Ich möchte hier allerdings einen theoretischen Bogen spannen, der diese Indizienkette etwas weiterführt. Glücksempfinden beinhaltet für mich immer ein Stück weit Offenheit, Motivation, Lebensfreude und somit Lebensenergie. Wenn wir diese rückblickend auf das Thema der psychosomatischen Medizin, vor dem Hintergrund des Zusammenhangs zwischen dem Zustand der Psyche und den damit verbundenen körperlichen Symptomen betrachten, so finden wir hier ebenfalls ein starkes Indiz für die positive Auswirkung der Meditation auf den Geist und als Resultat einen gesunden Körper. Einige Thesen weisen in die Richtung der Ausschüttung entsprechender Botenstoffe im Hirn aufgrund jenes Glücksempfindens. Diese Botenstoffe wirkten stimulierend auf das Immunsystem und den gesamten Organismus, was zu mehr Vitalität führte. Ehe diese gewagten Thesen in Gänze wissenschaftlich belegt sind, mag noch einige Zeit verstreichen, aber hey, in der Physik baut man immerhin ganze Disziplinen auf Annahmen auf, um sie erst Jahrhunderte später nachzuweisen. Und das nun auch noch in Bezug auf das Universum. Davon habe ich mich immerhin schon mal distanziert, um tief zu stapeln!

Die Indizienkette endet jedoch nicht an dieser Stelle. Legen wir zugrunde, dass eine zunehmende Meditationspraxis tatsächlich Wohlbefinden, Optimismus und die allgemeine

Befindlichkeit verbessern könnte und dies mit einer Art Training der dafür verantwortlichen Hirnareale in Zusammenhang stünde, so passen einige Erkenntnisse aus der Psychologie plötzlich ebenfalls ins Bild, die sich damit befassen, was uns als Menschen eigentlich motiviert, Dinge zu tun. Die Wissenschaft unterscheidet hier zwischen ›intrinsischer‹ und ›extrinsischer‹ Motivation, also solcher, die aus einem ›inneren‹, beziehungsweise ›äußeren‹ Antrieb gespeist wird. Hierbei ist ganz wesentlich, dass intrinsische im Gegensatz zu extrinsischen Motivatoren oftmals kein Ziel im Sinne einer Belohnung haben. Der Sinn liegt hier im Tun selbst und bewirkt auf diese Weise ein Wohlgefühl. Spazieren geht man beispielsweise nicht, um ein bestimmtes Ziel zu erreichen. Man tut es dennoch und es macht viele von uns glücklich und entspannt. ›Extrinsische Motivatoren‹ hingegen sind mit einem messbaren Ziel verbunden. So wollen wir zum Beispiel einen Marathon laufen, um Gewicht zu verlieren oder uns mit anderen zu messen. Jene Zielsetzung ist im Wesentlichen davon geprägt, mit äußeren Faktoren in Verbindung zu stehen, die wiederum direkten Einfluss auf unser Verhalten nehmen. Was, wenn wir erfahren, dass unser Konkurrent plötzlich deutlich schneller laufen kann oder rascher an Gewicht verliert, als wir selbst? Druck baut sich auf, wir trainieren womöglich energischer, der ›Autopilot‹ übernimmt die Kontrolle. Das Bedürfnis, den Sinn oder Nicht-Sinn unseres Handelns zu hinterfragen, wird deutlich weniger, unser Tun gerät zu einem Selbstzweck, der nicht mehr aus unserem Innern heraus gespeist wird.

Ganz wesentlich ist hierbei die sogenannte Motivationsrichtung, die sich ebenfalls auf unsere innere Haltung auswirkt. Ist die Motivation von einem ›hinweg von‹ geprägt, so ist hier die Gefahr von blinder Verbissenheit und mittelfristiger Ziel- und Antriebslosigkeit gegeben. Die Energie für unser blindes Handeln geht uns schlicht irgendwann verloren.

›Ich muss die Zusammenarbeit mit meinem Partner beenden‹, wäre ein mögliches Beispiel, das mit einer negativen Grundhaltung in Verbindung stünde. Die Motivationsrichtung ›Hin zu‹ dagegen, steht mit einer positiven Zielsetzung in Verbindung: ›Ich möchte eine berufliche Karriere als Eisverkäufer starten‹, ist hier ein denkbares Szenario, bei dem wir aus uns selbst heraus ungeahnte Energien mobilisieren können, die uns unser Ziel langfristig und voller Enthusiasmus verfolgen lassen.

Berücksichtige ich diese Indizien, so scheint es möglich, dass Meditation tatsächlich ›glücklicher‹ machen kann. Es scheint, als würden mit Hilfe des mentalen Trainings Hirnareale gestärkt, die das positive Denken beeinflussen und es uns ermöglichen. Auf diese Weise wird der intrinsischen Motivation mehr Beachtung geschenkt und jene in eine entsprechende Motivationsrichtung gelenkt, was sich wesentlich auf unsere innere Gesamtkonstitution auswirken könnte. Hierzu gesellt sich ein weiteres Phänomen: Wie nicht nur die Verkäufer unter uns wissen, wirkt eine positive innere Haltung sich sowohl auf unsere

Körpersprache, wie auch auf unser direktes Umfeld aus. Wer glücklich und zufrieden ist, steht aufrechter, wirkt auf sein Umfeld einladender, offener und oft erfolgreicher. Er oder sie zieht andere mehr an, als ein introvertierter und verbissen wirkender Mensch. Ich zumindest würde persönlich lieber mit Mary Poppins, als mit Graf Zahl einen Kaffee trinken, um es mal plakativ auszudrücken...

Es stellt sich nun noch die Frage, warum wir unser Hirn überhaupt in einer solchen Weise trainieren müssen. Wieso funktioniert es nicht von vorn herein positiv denkend? Die Antwort: Auch das weiß ich nicht und kann mich lediglich auf Ideen stützen.

Eine dieser Ideen ist, dass die notwendige Anpassung des Organs ›menschliches Hirn‹, mit den Veränderungen der Welt, der jüngeren Evolutionsgeschichte, Schritthalten musste. Jahrtausende lang hielten sich die Veränderungen für die Spezies Mensch in engen Grenzen: Hier begegneten wir einmal einem bisher unbekannten Tier, dort hebt eine Naturkatastrophe unseren Alltag aus den Angeln. Teilweise gibt es einen Konflikt mit anderen Gruppen, den wir mit der Keule beilegen. Ja, lieber Kritiker, es ist wieder ein klischeehaftes Bild der frühen menschlichen Zivilisation, das, so einfach beschrieben, sicherlich nicht komplett ist. Es geht jedoch darum, ein Prinzip darzulegen, welches heißt: ›An der grundsätzlichen Art zu leben hat dies alles über Generationen nicht viel geändert.‹ Das menschliche Hirn hatte schlicht Zeit, sich gemächlich weiterzuentwickeln.

Anders sieht es spätestens mit dem Beginn der Industrialisierung aus. Kontinente rücken plötzlich in der menschlichen Wahrnehmung näher zusammen, technische Innovationen revolutionieren den Alltag. Der Bedarf, neue Eindrücke schneller zu verarbeiten und zu lernen, steigt nun plötzlich immens. Die simple Erfindung des elektrischen Lichts, hat die für uns produktiv nutzbare Zeit des Tages im Handumdrehen deutlich erweitert.

Dieser Trend setzt sich im weiteren Verlauf der Geschichte fort und beschleunigt sich exponentiell. Spätestens mit der Einführung der Computer, legen wir sogar noch einmal eine deutliche Steigerung vor. In der heutigen Zeit erledigt ein Mensch allein täglich eine Fülle an Aufgaben, die noch vor 50 Jahren nicht denkbar gewesen wäre. Und das nicht nur am Arbeitsplatz, sondern überall. Das mobile Internet macht es möglich, jederzeit und von jedem Ort aus zu kommunizieren, uns fehlende Informationen zu beschaffen oder einzukaufen. Nahezu jeder ist hoch mobil, bedient mit dem Smartphone eine Fülle von Kommunikationskanälen, lernt dabei kontinuierlich Neues und ist im Grunde immer erreichbar. Selbst auf dem Klo, wenn es die Situation vermeintlich ›erfordert‹. Das alles tun wir, während wir nebenbei noch immer die ganz normalen Dinge des Alltags tun, denen wir und unsere Vorfahren seit Jahrtausenden nachgingen. Diese Entwicklung der steigenden Anforderungen scheint allerdings kein absehbares Ende zu haben. Ergo: Der Anspruch an das Organ Hirn steigt immens schneller, als die Evolution es entsprechend auf seine zusätzlichen Aufgaben anpassen könnte. Die einzig passende Methode, damit umzugehen, heißt oft ›Autopilot‹, also die automatische und rasche Anwendung zuvor erlernter Muster, die gemäß Konstruktionsplan vielleicht nur für akute Stress-Situationen erdacht war:

›Begegnung mit Säbelzahntiger → Laufen → wenn Laufen nicht möglich → Keule zücken!‹

Alles andere wäre kaum möglich, können wir ja nicht über jede Reaktion auf ungewöhnliche Situationen zunächst ausgiebig nachdenken. Noch dazu ist in der heutigen Zeit in den allermeisten Fällen weder an Flucht, noch an Kampf zu denken. Man führe sich nur einmal eine klassische Drucksituation im Beruf vor Augen. Alternativen finden wir nicht mehr in der jeweiligen Situation, sondern eventuell in sogenannten ›Sabaticals‹, also längeren Auszeiten von Beruf und Kommunikationstechnik, oder aber in bewussten kürzeren Ruhepausen. Wir verlieren ein Stück weit das, was unsere Vorfahren aufgrund ihrer natürlich bedingten Ruhephasen noch hatten: Die Zeit für uns selbst, in der wir einst Eindrücke, neu Erlerntes und Emotionen verarbeiten und unseren persönlichen Umgang damit finden konnten.

Schenkt man meiner ›Schwarzmalerei‹ also Glauben, liegt auf der Hand, dass für einen gesunden Geist auf Dauer eine gewisse ›Entschleunigung‹ notwendig ist. Genau hier kann Meditation EIN Werkzeug vieler denkbarer Ansätze sein. Wir trainieren aktiv, den Autopiloten im Alltag zu reduzieren und Wichtiges von für uns Unwichtigem zu unterscheiden. Auf diese Weise sollen Freiraum und Ruhephasen für unseren ›Hauptprozessor‹ und ›Datenspeicher‹ geschaffen werden. Nennen wir es ›Defragmentierung der Festplatte‹, wenn der Begriff Meditation uns zu mystisch behaftet ist!

Meditation in Kultur & Religion

Nun habe ich mir also ein theoretisches Konstrukt geschaffen, das mich darin bestärkt, dass Meditation eine gewisse nachweisbare Wirkung haben muss. Das Training des Geistes verändert die Hirnaktivität, was sich positiv auf den Körper auswirkt. Dass dies immer notwendiger für viele, ganz normale Menschen unserer Zeit zu werden scheint, habe ich ja gerade erklärt. So weit, so gut. Allerdings sind diese Methoden ja keine Erfindung unserer Zeit, sondern entstammen in ihrem Ursprung längst vergangenen Tagen. Mich interessiert, wie verwurzelt Meditation tatsächlich in der Menschheitsgeschichte und in den verschiedenen Kulturen ist. Was könnte dazu also besser herangezogen werden, als die Religionen? Ja, ich weiß, ich wollte nicht zu spirituell werden... Aber neben dem Glauben tragen die Weltreligionen nun einmal eine ganze Menge Geschichte und damit auch Erfahrung in sich. Fernab des Glaubens lohnt es sich also, hier einen Blick hinter die Kulissen zu werfen.

Buddhismus und fernöstliche Glaubensrichtungen

Schauen wir uns in den fernöstlichen Glaubensrichtungen um, der vermeintlichen Wiege der Meditation. Ich stieß recht schnell auf den Hinduismus (insbesondere in Indien zu finden) und den ursprünglich ebenfalls dort beheimateten Buddhismus, der sich über ganz Asien verbreitete. Auch gibt es den vor allem in China beheimateten Daoismus. Hier interpretiert der westliche Beobachter die Praxis der Meditation in aller Regel als Form des Gebets. In der Tat scheint dies in vielen Ausprägungen auch der Fall zu sein:

So findet man im Yoga verbundenen Hinduismus diverse Gottheiten, zu denen während der Meditation Kontakt gesucht wird. Der Daoismus hingegen legt in der religiösen Ausprägung großen Wert auf die Erlangung von Erleuchtung und Auflösung des ICHs. Dies wird durch Innenschau, die ebenfalls durch die physische Praxis (u. a. Tai Chi Chuan/QiGong) und damit verbundene Atemtechniken erlangt, um auf diese Weise selbst zur unsterblichen Gottheit aufzusteigen. Hier findet sich ein enger Bezug zum Buddhismus. Dieser wurde im zweiten Jahrhundert nach China getragen und strebt die Verbindung mit allen Lebewesen des Universums im Zustand des Nirwanas an. Auf diese Weise soll versucht werden auf jegliche mit dem ICH verbundene ›Anhaftung‹ zu verzichten.

In unzähligen Ausprägungen einer jeden dieser Religionen gibt es verschiedenste Gewichtungen, die sich über die

Jahrhunderte etabliert haben. Ein anschauliches Beispiel hierfür findet sich im in Japan verbreiteten Zen-Buddhismus, der auch in westlichen Gefilden recht bekannt ist. Die ursprüngliche Lehre des Buddhismus wurde im Laufe der Zeit in strenge Rituale, Rezitationspflichten und Hierarchien geistlicher Vertreter gepresst. Meiner persönlichen Ansicht nach ist es jedoch genau das, was der ursprünglichen Lehre des Buddhismus widerspricht. Wie sich an diesem Beispiel zeigt, ist eine genaue Einordnung und Abgrenzung dieser vielen verschiedenen Abstufungen des Glaubens und des konkreten Zwecks der Meditation daher sehr schwierig.

Fakt ist: Meditation dient in diesem Teil der spirituellen Welt als Innenschau, mit der neue Ebenen des Bewusstseins erreicht werden sollen. Eine gewisse Weisheit und die Lossagung vom Alltäglichen ist ein wesentlicher Bestandteil dieser Praxis, die in vielen Fällen mit bestimmten Ritualen, konkreten Bewegungsfolgen oder Positionen verbunden ist.

Christentum

Wenn ich mich nun mit diesen Ansätzen befasse und sie in Bezug zu meinen eher spartanischen Erfahrungen mit der Kirche bringe, fällt mir als erstes das Gebet oder die, für mein Gefühl, recht strenge Liturgie innerhalb der Messe ein. Was geschieht hier eigentlich? Sprechen wir innerhalb des Gebets zu Gott? Wer oder was ist Gott? Ohne mich in theologische Diskurse verwickeln zu wollen, von denen ich absolut keinen Schimmer habe und dies auch nicht behaupten möchte, kann ich mir vorstellen, dass ein Gebet nicht zuletzt die Besinnung auf sich selbst, auf die aktuelle Situation oder den eigenen Glauben in aller Stille darstellt. Es erscheint mir eine Art ›Einkehr‹ zu sein, die durch festgelegte Rituale während der heiligen Messe unterstützt wird. Der eine oder andere Gläubige, der da sonntags in der Kirche sitzt, mag sich in den letzten 50 Jahren niemals so gesehen haben, während er, metaphorisch betrachtet, an den Lippen des Priesters klebte.

Ganz abwegig finde ich diese Sichtweise jedoch nicht. Wagt man nämlich zu behaupten, dass ›Gott‹ oder ›das Göttliche‹ durchaus mit ›die Schöpfung‹ oder – Achtung, jetzt wird´s hart für jeden ernstzunehmenden Theologen – ›das Universum‹ in Verbindung gebracht werden kann. So weichen die Grenzen zwischen manchen Weltreligionen sogar auf.

Habe ich nicht einmal gelernt, jeder Mensch trage einen Funken Gottes in sich? Na? Was nun, wenn wir Gott einmal nicht, wie wir es ja so oft tun, als Mann mit grauem Bart auf Wolke 52, sondern ihn tatsächlich als ›die Schöpfung‹ im Allgemeinen betrachten? Dies würde bedeuten, wir alle wären ein Stückchen Gott, da wir ja Teil dieser Schöpfung sind. Glaubten wir also an Gott, glaubten wir insbesondere an uns selbst. Und zwar als Teil der Gesamtheit der Dinge: Der Schöpfung, des Universums. Zur Diskussion stünde danach lediglich noch, wer der Urheber dieses Konstrukts ist, womit wir wieder bei der reinen Glaubensfrage wären.

Die Auslegung der christlichen Kirchen ist naturgemäß eine etwas andere: Demnach ist der Mensch ein freies Wesen, von Gott geliebt und durch die Liebe mit Gott verbunden. Wir seien eben keine ›Emanationen‹, also Ausströmungen oder Erscheinungsformen Gottes. Gott ist also nicht die Schöpfung oder das Universum, sondern eine eigene Entität über allem. Er hat alles geschaffen, geliebt und in die Freiheit entlassen. Dies würde bedeuten, dass es eine vitale Verbindung zwischen ihm und seiner Schöpfung gibt, aber eben keine Einheit beider Welten. Vielleicht findet sich so auch der geschichtliche Grund, warum es unbedingt Vertreter Gottes auf Erden benötigt und die kirchliche ›Zentralregierung‹ ihre Daseinsberechtigung behält. Ein Versicherungsvertreterprinzip sozusagen. Das aber nur mit einem Augenzwinkern am Rande.

Kommen wir zurück zum Gebet, das ich soeben als Einkehr und Fokussierung betrachtete. Wir suchen das Gespräch mit Gott und vielleicht mit der Schöpfung. Spannen wir also diesen nicht wirklich kirchenkonformen, theoretischen Bogen, für den ich hoffentlich nicht in nächster Zeit auf irgendeinem Scheiterhaufen lande, suchen wir das Gespräch mit uns und unserem Geist. Das christliche ›Gebet‹ scheint der Meditation in seiner Grundform nicht allzu fremd zu sein.

Ich bin zu wenig Theologe oder Philosoph, um diesen Thesen ein adäquates Fundament zu verleihen. Wie wir sehen, ist die offiziell kirchliche Sichtweise eine etwas andere. Für mich zeichnet sich eher ein Bild, das Weltreligionen in der Basis gar nicht mehr so unterschiedlich erscheinen lässt. Man stelle sich vor, jene uralten Lehren wären nicht von Machtinteressen und menschlichen Hierarchien über Jahrtausende angepasst worden. Welche Unterschiede gäbe es in den großen Religionen dann noch? Hätten sie gar eine gemeinsame, philosophische Basis? An dieser Vorstellung mag man nun Gefallen finden, oder sie schlicht als Blasphemie betrachten. Ganz allein stehe ich mit solchen Ansätzen jedoch nicht, wie die Geschichte zeigt!

Da wäre beispielsweise Meister Eckhart (Eckhart von Hochheim, um 1260), Mitglied des Ordens der Dominikaner. Meister Eckhart entging dem Abschluss des für ihn anberaumten Inquisitionsverfahrens schlicht durch seinen Tod. ›Glück gehabt!‹, möchte man sagen, erscheint der natürliche Tod doch weitaus angenehmer, als potenzielle Folter und der Scheiterhaufen im Rahmen eines Inquisitionsverfahrens. Grund für das Verfahren gegen Eckhart waren dessen Lehren, die als Häresie (Irrglaube) betrachtet wurden und somit einen massiven Straftatbestand im Sinne der Kirche darstellten. Meister Eckharts Lehren waren sehr komplex. So unterschied er beispielsweise zwischen Gott und Gottheit in verschiedensten Abstufungen und Bedingungen. Diese sind zugegebenermaßen schwer zu durchblicken. In einer als ›Neuplatonismus‹ bezeichneten Sichtweise stellte er beispielsweise ein ›Sein‹ Gottes, also auch Gott als eigenständige Entität über den Dingen in Frage. Vielmehr zog er das Göttliche als Gesamtheit der Dinge, als Schöpfung, in Betracht und war der Überzeugung, es könnte somit nichts durch und durch Schlechtes geben. Das hatte vermutlich wichtige Instrumente der damaligen Kirche, wie Hölle, Teufel und Verdammnis in Frage gestellt, die sich ja einige Zeit später, zu Zeiten Luthers, als ganz wesentliche Einnahmequelle im Rahmen des Ablasshandels nutzen ließen. Wie erwähnt, ist der philosophische Zusammenhang der Thesen Eckharts hier sehr komplex, er scheint den Sichtweisen des Buddhismus jedoch nicht in Gänze gegensätzlich zu sein. Es gibt einige Ansätze, die mir beim Versuch jene Lehren zu verstehen, in Erinnerung blieben:

- ›Das Sein kommt Gott durch das Denken (Erkennen) zu und nicht umgekehrt‹, heißt es da.
- Er tritt für Vollbringen des Lebens nach dem eigenen Willen, in Gelassenheit und ›sunder warumbe‹ (ohne [ständiges] warum) ein.
- Er prägt den Satz ›Nim din selbes war‹ (Nimm Dich selbst wahr / Nimm dein Selbst wahr) in einer Predigt.

(Quelle Wikipedia.org)

Sollten jene Quellen zutreffend sein, so beinhalten sie wesentliche Merkmale, die mich in meiner These bestärken, dass zumindest die ›Achtsamkeit‹ zur christlichen Welt nicht ganz inkompatibel ist. Es sind ähnliche Erkenntnisse, wie ich sie auch in buddhistischen Texten las. Es sind Begrifflichkeiten, die ich mit Einkehr, Selbstwahrnehmung und wertungsfreiem Betrachten in Verbindung bringe.

Weitere Hinweise auf solche Zusammenhänge und wiederkehrende Denkmodelle finden sich in den von der Wissenschaft als ›Mystiker‹ zu bezeichnenden Persönlichkeiten der Kirchengeschichte. In aller Regel entstanden deren Lehren aus dem Rückzug in die Askese und die Einkehr in sich selbst und wurden oft mit sogenannten ›Visionen‹ betitelt. Durch diese gab es die Erreichung eines klaren und ruhevollen Verstands und das Freilegen eines geistlichen ›Urgrunds‹, zumindest soll sie begünstigt worden sein. Konkret lassen sich hier die ›Wüstenväter‹ (3. Jh.) nennen, die die Fokussierung auf den Glauben, insbesondere durch ein sehr asketisches und zurückgezogenes Leben umzusetzen suchten. Aber auch Hildegard von Bingen (1098-1179), Katharina von Siena (1347-1380), Teresa von Avila (1515-1582), die sogenannten ›Säulenheiligen‹ (4./5. Jh.) oder auch Nikolaus von Kues (1401-1464), der ebenfalls Vertreter des Neuplatonismus war, hatten auf verschiedenen Wegen Erkenntnisse, die sich mit der Einkehr in sich selbst in Zusammenhang bringen lassen. Insbesondere im Bereich des Mittelalters finden sich Begrifflichkeiten, wie ›Lectio‹ (aufmerksame Lesung), Meditatio (gegenstandfreie Anschauung), oratio (Gebet) und contemplatio (gegenständliche Betrachtung, Kontemplation), die wie ich meine, in Kombination ähnliche Richtungen zeigen. Jene Strömungen wurden jedoch stets von der Kirchenführung als Häresie deklariert, setzten sich somit nicht durch.

Ich frage mich, ob nicht auch gregorianische Choräle oder Antiphone in der Kirchenmusik einen Rahmen für eine solche Einkehr und Fokussierung bieten sollten. Ist das Rosenkranzgebet, das Ruhegebet oder das sogenannte Jesusgebet Meditation oder zumindest achtsamkeitsbezogen?

Wie bereits erwähnt, bin ich kein Theologe. Aber: ich kenne einen! Einen sehr schlauen sogar.

Moraltheologe PD P. Dr. Rudolf B. Hein O.Praem., lehrend an der Universität Münster und Prämonstratenser aus der Abtei Duisburg Hamborn. Er hatte die Geduld, sich mit mir und meinen zugegebenermaßen recht provokanten Thesen zu befassen.

Das Ergebnis: Es gibt keins.

Es ist nach wie vor ein komplexes Thema, über das sich durchaus nächtelang diskutieren ließe. Sicherlich spiegeln meine Thesen nicht die Meinung Rudolfs wider, der eindeutig wissenschaftlicher an die Sache herangehen würde. Was ich an unserem Miteinander jedoch immer wieder schätze, ist eine aufgeschlossene Gesprächsatmosphäre, die in keiner Weise verbohrt oder nicht-offen wäre. Ich erwähne dies, da ich persönlich nur sehr selten eine solche Erfahrung machen durfte, wenn es darum ging, Grundlegendes im kirchlichen Umfeld zu hinterfragen.

Schlussendlich ist und bleibt das Thema wohl eine Glaubensfrage. Es gibt jene historischen Belege, deren Interpretation aber im Auge des Betrachters liegt. Rudolf, ich danke dir für viele neue Denkanstöße und Sichtweisen!

Islam

Wer Meditation vor dem Hintergrund von Gesellschaft und Weltreligionen untersucht, sollte auch den Islam berücksichtigen – so zumindest dachte ich, als ich mich an die Recherche machte. Erste Station für den Ahnungslosen: Richtig! Das Internet. Hier finden sich in der Tat Spuren zu einem Thema, das ja vielleicht nicht das Trivialste ist.

Betrachtet man beispielsweise das muslimische Gebet, das Salât, so erfährt man, dass dieses fünf Mal täglich mit einer vorgegebenen Abfolge von Körperbewegungen durchzuführen ist. Ähnlich wie im Christentum, dient es der Einkehr, und befasst sich mit den spezifischen Thematiken dieser Glaubensrichtung. Bis zu diesem Punkt war mir das bereits bekannt. Und wie in allen Religionen wird der konkrete Sinn und Zweck der verschiedenen Aspekte des Gebets durchaus kontrovers diskutiert. Hier findet sich der eine Experte, dort der andere. Selbsternannte Experten gibt es, wie in allen anderen Bereichen, natürlich massenweise.

Es gibt teils die Sichtweise, dass das Salât durchaus meditativen Charakter hätte, andere Stimmen sagen, das eine könne nichts mit dem anderen zu tun haben, denn in einem Gebet wende man sich an Gott. Bei der Meditation würde Gott seinerseits auf den Meditierenden zugehen. Es stellt sich die Frage, ob Gott als manifestierte Gottheit, oder aber als die ›Schöpfung‹ betrachtet wird. Hier sind die Ansichten durchaus vielfältig. Ich persönlich sehe jedoch zumindest in der Theorie Parallelen zum christlichen Gebet als Einkehr und dem Ordnen der Gedanken.

Ein weiterer Hinweis findet sich im Sufismuns, einer Untergruppe, oder einer Strömung der islamischen Kultur. Hier pflegt man das Ritual des Dhikr, das man als ein ›Gedenken oder Vergegenwärtigung Gottes‹ bezeichnet. In manchen Ausprägungen ist es mit Atemtechniken und Sprachformeln, ähnlich eines Mantras verknüpft. Auch hier gibt es also einen theoretischen Bezug zu einigen Techniken, wie sie bei der Meditation zu finden sind. Nun sind Theorie und meine persönliche Interpretation der Dinge natürlich nur eine von vielen möglichen Perspektiven. Wie bei etlichen Themen auch, suchte ich daher das Gespräch mit muslimischen Gelehrten, um meine Theorien in irgendeiner Form zu untermauern, historisch zu belegen oder gar mit aktuellen Praxisbeispielen in Einklang zu bringen.

Leider scheint es in diesem Bereich etwas schwieriger zu sein, als in anderen. Entweder habe ich die falschen Gesprächspartner kontaktiert, oder aber es ist nicht erwünscht Fragen zu stellen, die vom Standard abweichen. Befragt man einen Imam aus einer beliebigen Gemeinde, so bekommt man – zumindest anfänglich – viel Offenheit und Antworten, nur nicht jene auf konkrete Fragen oder bei Rückfragen zu Details. Stattdessen findet man sich schon bald, sanft ins Gespräch getrieben, als potenzieller Konvertit im Angesicht jenes Kollegen, der einen ebenso sanft zu häufigeren Besuchen der Einrichtung einlädt. Bei aller Anerkennung für die Gastfreundschaft, war dies jedoch gar nicht das Ziel, das ich verfolgte.

Nun ja, dann gehe man also aufs sprichwörtliche Ganze und frage an, wo man sich nun wirklich auskennen muss: Beim Zentralrat der Muslime in Deutschland! Hier sollte man doch über die Kontakte verfügen, die ich benötige, um meine dringende Frage des Glaubens wenigstens ansatzweise klären, oder auch widerlegen zu können. Dozenten, Professoren... was auch immer!

Die Antwort auf meine ausführlich formulierte Anfrage, beschränkte sich jedoch auf einen Weblink, der das Salât erklärte. Das ist natürlich besser als keine Antwort, brachte mich jedoch keinen Schritt weiter. Eine weitere Rückfrage nach einem Kontakt mit Expertise in Bezug auf das Thema der Meditation, ist bis heute unbeantwortet.

Meine Recherchen hinsichtlich des Themas der Meditation in der islamischen Welt enden also so schnell, wie sie begonnen haben. Das alles ist ein Ausschnitt aus meiner persönlichen Erfahrungen und soll nicht als Pauschalbeispiel dienen. Etwas desillusioniert endet das Kapitel jedoch an dieser Stelle. Ich fühlte mich oft kritisch beäugt und aufgrund meiner Fragen mit Misstrauen konfrontiert. Es mag an der weltpolitischen Lage, oder an mir als neugierigen Tätowierten liegen, aber ich gebe an dieser Stelle einfach auf. Leider.

Bezug von Meditation zu Sport

Kampfkünste

Denkt man an das Thema Meditation, fällt einem nicht nur der Begriff ›Asien‹ ein, sondern natürlich auch das Thema ›Kampfkunst‹. Nicht zuletzt hat Hollywood dafür gesorgt, in unseren Köpfen das Bild der daoistisch geprägten Verbindung von Körper und Geist zu beinahe übermenschlichen Fähigkeiten einzupflanzen. Dies könnte ja vielleicht gar zur Unbesiegbarkeit führen, was sich auch die weltberühmten, buddhistischen Shaolin-Mönche in ihren Kung-Fu-Bühnenshows zu Nutze machen. Zweifellos fördert hier die Fokussierung auf den Sport absolut außergewöhnliche Leistungen zutage. Was davon jedoch durch unendliches sportliches Training und was durch die Begrifflichkeit ›Einheit von Körper und Geist‹ ermöglicht wird, lässt sich für mich als Beobachter nicht bewerten. Handelt es sich um eine Artistengruppe, oder um eine Ansammlung von Mönchen, die Unglaubliches durch geistiges Training in Kombination mit sportlicher Disziplin erreichen?

Wie auch immer es ist: Mich selbst hat das Ergebnis und das Flair geistiger Erleuchtung insbesondere in jungen Jahren sehr beeindruckt, weshalb ich zu diesem Zeitpunkt den Kontakt zu Kampfsportarten wie Judo oder Taekwondo suchte. Leider aber auch, um das Training in aller

Regel nach wenigen Monaten umso desillusionierter wieder aufzugeben. Jene Enttäuschung rührte daher, dass diese Kampfsportarten sich durchaus auf einer Philosophie der Gewaltvermeidung und der Einheit von Körper und Geist begründen. Jedoch war es das dann auch, was in aller Regel zu diesem Thema zu sagen ist. Im Trainingsalltag dominieren vor allem der sportliche Aspekt und der Wettkampfgedanke, oftmals inklusive entsprechender Blessuren. Das war nicht das, was ich zu finden erhofft hatte.

Erst im Zuge meiner Krankheitsgeschichte und der damit verbundenen Auseinandersetzung mit dem Thema Meditation ging ich erneut auf die Suche nach jener Sportart, die mich zum einen wieder zu sportlicher Aktivität und Körpergefühl bringen, mich andererseits aber von den für mich gesundheitlich und psychologisch eher ungünstigen ›Wettkampfgedanken‹ fernhalten sollte. Ich wünschte mir eine Bewegungsform, die das Training der Meditationspraxis möglichst sinnvoll begleitet. Ich wollte mehr sportlichen Aspekt als bei Yoga oder QiGong und weniger Wettkampf als bei Karate oder anderen Kampfsportarten.

Im Zuge meiner Recherchen entdeckte ich, dass man zunächst zwischen den Begriffen ›Kampfsport‹ und ›Kampfkunst‹ und damit zwischen Wettkampf und der stärkeren Gewichtung des philosophisch kulturellen Aspekts unterscheiden muss. Zwar sind die Grenzen hier je nach Stil und Auslegung fließend, sodass man beispielsweise Karate nicht pauschal in die Kategorie des reinen Kampfsports einordnen kann, jedoch gibt es eindeutigere

Beispiele, die schlicht nicht im sportlichen Sinne wettkampforientiert sind. Da gibt es Iaido (›Der Weg des Schwertziehens‹, Japan) oder Aikido (versch. Übersetzungen, u.a. ›Weg zur Harmonie der Kräfte‹, Japan).

Nun wollte es der Zufall, dass es einen Aikido-Verein in meiner unmittelbaren Nachbarschaft gibt, weshalb ich diesem seit einiger Zeit und mit Enthusiasmus meine Zeit widme.

Was mir auf den ersten Blick allerdings auch hier im Trainingsbetrieb fehlt, ist der meditative Aspekt. Zwar findet der philosophische Hintergrund dieser Kampfkunst stete Beachtung während des Trainings, da sich vielerlei Bewegungsabläufe vor der Kulisse dieser Betrachtung besser erschließen, ein grundsätzliches Training hinsichtlich der Meditation findet jedoch nicht statt. Umgekehrt ist es schon der Fall, dass der Geist mit Hilfe der stetigen Übung bestimmter Bewegungsabläufe gewissermaßen zur Ruhe kommt, sich auf das Vorhaben des Moments fokussiert. Insofern unterstützt der Sport mich durchaus in meiner Achtsamkeitspraxis, aber das reicht mir nicht. Ich frage mich nach wie vor, ob diese Kampfkunst, den Aspekt der Meditation nicht vorsieht, oder ob die westlich geprägten Denkstrukturen der hier praktizierenden Aikidoka ihn schlicht außer Acht lassen. Das veranlasst mich natürlich zu weiteren Recherchen.

Grundsätzlich beschleicht mich eine These, die ich bereits bei meinen QiGong und Yoga-Exkursen nicht in Ruhe gelassen hat: In den ersten Monaten der Übung scheint die Automatisierung von Bewegungen derart im Vordergrund zu stehen, dass überhaupt kein Raum für ein paralleles Training des Geistes vorhanden ist. Dieser ist eher auf die Koordination der ›Mechanik‹ fokussiert. Vielleicht bringt es also die Zeit: Erst dann, wenn sich ein Bewegungsablauf derart eingeprägt hat, dass ihm ein Grad der Automatisierung innewohnt, wie etwa die Fußbewegungen beim Autofahren, die jedem Fahrschüler am Anfang schwerfällt, ist genug Freiraum vorhanden, um das nächste Level der Kampfkunst zu erklimmen. Wenngleich ich noch nicht weiß, wie dieses aussehen könnte. Eventuell befinde ich mich bisher in der Fahrschul-Phase, was die Praxis des Aikido betrifft.

Glücklicherweise gibt es mal wieder das Internet, was mich recht schnell zu jemandem geführt hat, der es wissen muss. Er scheint genau das anzubieten, wonach ich gesucht habe: Miles Kessler ist Begründer des ›Integral Aikido Dojo‹ in Tel Aviv. Der gebürtige Amerikaner hat insgesamt acht Jahre in Iwama, Japan verbracht, um die Kampfkunst exakt in jenem Dojo zu praktizieren, in dem sie entwickelt wurde. Direkt an der ideologischen Quelle also.

Inzwischen ist er Inhaber des 6. Dans und lehrt die Integration von Aikido und Meditation in seinem eigenen Dojo in Israel, wie auch auf Lehrgängen in ganz Europa. Ich möchte meinen, dass wenn mir jemand bei den Fragestellungen helfen kann, dann muss es Miles Kessler sein, was für mich Grund genug war, den Versuch zu wagen und ihn zu kontaktieren. Um ehrlich zu sein, war ich darauf eingestellt, dass es recht schwer werden würde, an diesen ›Superstar‹ seines Fachgebiets heranzukommen. Das Gegenteil war jedoch der Fall. Eine E-Mail, eine Antwort. Etwa zwei Stunden nach meinem Versuch, bot mir Miles eine Videokonferenz an, um mir bei den Recherchen zu helfen. Heiliger Strohsack!

Gesagt getan. Ich habe tatsächlich einen Videoanruf mit Miles Kessler geführt und sah mich einem völlig ausgeglichenen und bodenständigen Mann gegenüber, der mich in meinen Grundannahmen bestätigt:

So sieht auch Miles Meditation und Sport als zunächst zwei parallel verlaufende Pfade, die es zu beschreiten gilt. Zu Anfang erfordern beide Disziplinen ein hohes Maß an Fokussierung und Training, um hier eine gewisse Erfahrung und Routine zu etablieren. Erst zu einem wesentlich späteren Zeitpunkt ist es überhaupt möglich, beide ›Pfade‹ zu vereinen, sodass sie sich fortan ergänzen können. An diesem Punkt erschließen sich völlig neue Ebenen der

Kampfkunst, wie auch der Meditation. Ich weiß nicht, ob ich jemals diesen Punkt erreichen werde, aber die bloße Vorstellung macht mich echt neugierig.

Ein glücklicher Zufall ermöglichte es mir, einige Wochen später mit Miles persönlich trainieren zu dürfen. Er war für ein Seminar in Deutschland unterwegs. Eine Gelegenheit, die ich mir natürlich nicht entgehen lassen wollte und sie sogleich beim Schopfe packte. Meine Erwartungen wurden nicht enttäuscht. Bereits bei der ersten Begegnung mit Miles spürte ich, warum er Meister seines Fachs sein musste: Er war eine dieser Persönlichkeiten, die einen Raum mit ihrer Ruhe und Ausstrahlung füllen, sobald sie diesen betreten. Und genau dieser Eindruck setzte sich auch während des Trainings fort. Hier geschah das, was mir sonst bei der Ausübung des Sports so fehlte: Eingeleitet wird das Training mit Meditation, einem fünfminütigen Innehalten, dem Fokussieren auf den Moment. Die Aufwärmphase knüpft hier an: Mit Bewegungen, wie ich sie aus dem QiGong kenne, arbeiteten wir daran, jene Fokussierung nun ebenfalls in die Bewegung einfließen zu

lassen. Miles erklärte mir, dass es nicht darum ginge, sogleich in der Lage zu sein, jene Ebene der Fokussierung während des gesamten Trainings aufrecht erhalten zu können. Dieses Training wäre der erste Schritt dazu, eine andere Art der Körperwahrnehmung, der Sensorik, während des Trainings zu etablieren. Die Fokussierung hierauf zu Beginn des Trainings sollte mich in die Lage versetzen, diese Wahrnehmung stetig während der Einheit, oder am Ende abrufen zu können, um nach und nach eine neue Perspektive innerhalb der Bewegung zu verinnerlichen. Für mich eine zunächst schwer vorstellbare Aufgabe, aber er sollte Recht behalten. Es ist schwer zu erklären, aber dieses Training eröffnete mir erstmals eine völlig neue Wahrnehmung von Aikido. Sowohl im Umgang mit dem Trainingspartner, als auch im Umgang mit mir selbst. Es gab in der Tat kurze Momente, in denen ich den Trainingspartner nicht mehr als etwas ›mich angreifendes‹, sondern als fast willkommen Teil der Umwelt begreifen konnte, mit dem es zu ›arbeiten‹ galt. Dies veränderte für diesen kurzen Moment das Verhältnis von Angst, Aggression, Gelassenheit und Wertschätzung und somit gänzlich den Aktionshorizont in diesem Kontext.

Plötzlich wird klar, dass mit dem ›Weg zur Harmonie der Kräfte‹, mit dem ›AiKiDo‹ übersetzt wird, wohl eher nicht die Versöhnung mit einem vermeintlichen Angreifer gemeint ist. Es ändert sich hier vielmehr die Perspektive, wonach ein solcher Angreifer auch ›nur‹ ein Teil meiner gesamten Umwelt ist, mit dem es zu interagieren gilt. Man wird Teil jener Angriffsenergie, um diese umzulenken.

Nicht für den Gegenangriff oder eine sonst wie geartete Vernichtung seines Gegenübers! Ich habe nun eine grobe Vorstellung davon, wie ›integrales Aikido‹ funktionieren kann, welche Ebenen die Verbindung vom Training des Geistes und der Ausübung des Sports zu eröffnen vermag. Vielleicht ist es diese innere Haltung, die in den japanischen Kampfkünsten als ›Zanshin‹ (balancierter Geist) bezeichnet wird.

Danke für diese Erfahrung, Miles! Und für den Muskelkater danach. Jedenfalls weiß ich, wo die Energie geblieben ist.

Denkt man an Meditation im Bereich der Kampfkünste, so werden dem Einen oder der Anderen, wie schon erwähnt, die Begriffe Yoga, QiGong oder Tai Chi einfallen. Hier haben wir es jedoch nicht mit Kampfkünsten, sondern mit Formen der Bewegungsmeditation zu tun, denen ich mich natürlich auch im Selbstexperiment stellen werde. Habe ich das gerade wirklich gesagt? Ich habe...

›Flow‹

Unter anderem aus dem Sport ist der Begriff ›Flow‹ bekannt. Dieser wird oftmals von Marathonläufern, Triathleten oder Extremsportlern vieler Bereiche beschrieben. Der Zustand beschreibt demnach eine Situation, in der die körperliche Aktivität als nicht anstrengend, sondern eher automatisch ablaufend und der geistige Zustand als absolut ausgeglichen, mit einem Glücksgefühl gekoppelt, beschrieben wird.

Bemerkenswert ist darüber hinaus, dass es Berichte von geradezu ekstatischen oder auch tranceartigen Zuständen gibt. Genau hierin findet sich ein Hinweis darauf, dass der Begriff ›Flow‹ zu Unrecht mit einer Art der Meditation in Verbindung gebracht wird: Innerhalb jener ekstatischen Zustände und der damit verbundenen Ausschüttung von Botenstoffen im Hirn, die ein situatives Glücksgefühl hervorrufen zu scheinen, besteht ein gewisses Suchtpotenzial. So berichten insbesondere Extremsportler häufig von der mit Sport und dem Flow-Gefühl in Verbindung gebrachten Sucht ›nach mehr‹ von jenem tranceartigen Glücksgefühl. Es wäre wie eine Droge.

Die wissenschaftliche Sicht ist an dieser Stelle nicht eindeutig, geht jedoch in weiten Teilen in Richtung der These eines ›Trancezustandes‹ infolge der Ausschüttung von entsprechenden Botenstoffen im Hirn. Der geht eben nicht mit einer wachen und ungetrübten Wahrnehmung des Geistes einher, wie es bei der Meditation der Fall ist.

Wissenschaftliche Belege hierzu konnte ich jedoch nicht finden. Lediglich mein Gefühl sagt mir an dieser Stelle, dass es sich beim sogenannten Flow eher um eine Art Sucht nach Botenstoffen handeln könnte.

Die Begrifflichkeit ›Flow‹ wird vom als Schöpfer der ›Flow-Theorie‹ geltenden Wissenschaftler Mihaly Csikszentmihalyi, in den 1970er Jahren und danach, ebenfalls im Kontext eines ›Lebensgefühls von Glück‹ geprägt. Auch hier bezieht sich dieses Glücksgefühl auf konkrete Situationen oder Tätigkeiten und beschreibt ein Optimum der Stimulation des Individuums zwischen Über- und Unterforderung, so dass auch hier kein Bezug zum Thema Meditation gegeben scheint.

Wettkampfvorbereitung

In der Vorbereitung auf einen Wettkampf, auf eine Prüfung oder dergleichen kann Meditation hilfreich sein. Meiner Erfahrung nach geht es hier jedoch eher um die Schaffung optimaler Voraussetzungen, als um die konkrete Leistungssteigerung. Mittels Meditation ist es möglich, Körper und Geist in eine entspannte und angstfreie Ausgangslage zu versetzen, um daraus zuvor trainierte Fähigkeiten optimal abrufen zu können. Eine kurzfristige wundersame Steigerung von Fähigkeiten halte ich für höchst unwahrscheinlich. Darüber hinaus ist diese Art der Vorbereitung definitiv nicht für den kurzfristigen Einsatz geeignet. Vielmehr ist sie mit stetiger Praxis, also ebenfalls mit Training verbunden, das zum Ziel hat, nicht situativ einzugreifen. Es soll eher das eigene Wesen langfristig weiterentwickeln, um eben aus einer solchen mentalen Evolution in Alltags-, Wettkampf-, oder Prüfungssituationen stabiler und in sich gefestigter agieren zu können.

Auf relativ kurzfristige Sicht kann allerdings autogenes Training hilfreich sein, um beispielsweise Aufregung zu mildern oder Motivation zu steigern. Wir kennen solche Szenarien von diversen Trainern, die in knapper Zeit Menschen zu beeindruckenden Leistungen bewegen. Sei es der Gang über Scherben, oder aber das selbstbewusste Auftreten in einem Vorstellungsgespräch. In diesem Fall bewegen wir uns jedoch im Bereich der Autosuggestion, nicht auf dem Gebiet der Meditation. Wir unterscheiden also die ›situative Aktion‹ von der ›stetigen Entwicklung des Geistes‹.

Abgrenzung der Meditation von situativen Trainingsmethoden und Spiritualität

Was sich also aus der eigenen Erfahrung der vorangegangenen Themen für mich immer klarer darstellt ist, dass ich zwischen Schulungsmethoden für den Geist unterscheiden muss. Ich meine welche, die sich mit dem Situationsmanagement, also der kurzfristigen Reaktion auf konkrete Lebensumstände befassen und solche, die der langfristigen Entwicklung des eigenen Wesens dienen.

Situative Methoden finden sich im Autogenen Training, PMR, Achtsamkeitsübungen oder auch MBSR. Die Themen hier sind oft Stressbewältigung oder auch Depressions- und Schmerztherapie. Diese gehen mit einer recht kurzfristigen Verhaltensänderung einher, die der Besserung einer Lebenssituation dienen sollen. Hinsichtlich der Stressbewältigung können solche Methoden auch in der sportlichen Wettkampfvorbereitung hilfreich sein, um optimale Voraussetzungen zu einem bestimmten Zeitpunkt zu ermöglichen.

Eine stetige Meditationspraxis hingegen zeichnet sich nicht durch jenen situationsgetriebenen Aktionismus aus. Sie ist eher mit einer Art Lebenseinstellung vergleichbar, bei der im Alltag und dem grundlegenden Denken eine stetige Entwicklung des Geistes forciert wird, jedoch in keinem definierten Ziel ein Ende findet. Es ist ein immerwährender, fortlaufender Prozess, der individuell verschieden ist. Jener Prozess bedarf darüber hinaus keiner religiösen Grundlage. Es ist nicht erforderlich, sich einem Glauben oder einer Gemeinschaft zu verschreiben, um meditieren zu können. Vielmehr scheint es so, dass Gemeinschaften diese für sich entdeckt und in das gemeinsame spirituelle Leben eingebaut haben oder aber, dass sich bereits Meditierende zu spirituellen Gemeinschaften zusammengeschlossen haben.

Meditation erfordert jedoch die Offenheit für eine ehrliche Selbstreflexion. Dies stellt eine nicht zu unterschätzende Herausforderung dar, wie ich glaube. Es ist diese Herausforderung, die es zu bewältigen gilt, die das Verlassen der eigenen ›Komfortzone‹ beinhaltet. Ein Begriff übrigens, der mir in den letzten Wochen häufiger begegnet ist, mit dem ich jedoch eher ein triviales Überwinden irgendeiner Alltagsmarotte in Verbindung brachte. Die Wahrheit sieht jedoch etwas anders aus, wie sich noch zeigen wird.

Die Gegenüberstellung jener beiden, der situativen und der stetigen, Trainingsarten für den Geist bedeutet jedoch keinesfalls eine Kategorisierung in ›besser‹ oder ›schlechter‹. Hier kommt es schlicht auf die Zielsetzung und das probate Mittel zum Zweck an. Zusätzlich ist der Übergang zwischen den Disziplinen fließend: situative Trainingsmethoden sind meiner Erfahrung nach der beste Einstieg in eine stetige Praxis. Sie befähigen den Praktizierenden, sich mit sich selbst auseinanderzusetzen und häufig auch dazu, die Angst vor dieser Auseinandersetzung zu verlieren. Oftmals bedarf es eines kurzfristigen Ziels, des Sinns mit neuen Dingen zu beginnen.

Für mich ganz persönlich war es die Bewältigung meiner Depression, die mich von Achtsamkeitsübungen, PMR und Autogenem Training zu einer stetigen und tiefen Meditationspraxis geführt hat. Noch heute kommen einfache Achtsamkeitsübungen bei mir zum Einsatz. Wir haben es hier also nicht mit hierarchisch voneinander abzugrenzenden Methoden zu tun, sondern mit verschiedenen Techniken, die unsere Selbsterfahrung und Selbstwahrnehmung intensivieren.

Yongey Mingyur Rinpoche geht sogar so weit zu sagen, dass wann und wie immer wir uns mit dieser Selbsterfahrung aktiv und bewusst befassen, wir meditieren. Nehme ich mich selbst wahr, so meditiere ich. Nehme ich wahr, dass mein Geist von Gedanken und Emotionen überflutet ist und nicht zur Ruhe kommt, ist das der Beginn von Meditation. Jeglicher Groll darüber, nicht zur Ruhe zu kommen, erübrigt sich mit diesem Gedanken. Nach Yongey Mingyur Rinpoche ist bereits diese Erkenntnis, die eine Form der Meditation darstellt. Und es genau jene, die mir selbst außerordentlich geholfen hat, wie aus den späteren Kapiteln dieses Buches hervorgehen wird.

Achtsamkeits- & Meditationstechniken

Es ist sehr viel passiert in den letzten Monaten. Ich habe einige interessante Menschen kennengelernt und mich mit der Materie der Meditation auseinandergesetzt. Mir ist klargeworden, was hinter den Begriffen steckt, die ich zuvor gehört hatte. Durch meine eigenen Erfahrungen haben sie allerdings eine tiefere Bedeutung bekommen. Ja, und ich habe auch schon kleine ›Tricks‹ und ›Techniken‹ erwähnt, die inzwischen zu meinem ganz normalen Alltag gehören. Neben diesen Hilfestellungen, bin ich ebenfalls in Kontakt mit diversen Techniken der Meditation gekommen. Ich habe gelernt, dass es völlig individuell ist, welche Technik die beste für einen Praktizierenden ist und mich daher entschieden, die für mich wesentlichsten Methoden kurz zu beschreiben. Damit möchte ich einen Überblick geben und einen Blick über den Tellerrand, in die für mich überraschend vielfältige Welt der Meditation.

Ich werde zusätzlich versuchen, die Techniken nach einer Art subjektiven Schwierigkeitsgrad zu ordnen. So konnte zumindest ich mich in dieser neuen Welt zurechtfinden und die für mich passenden Dinge auswählen. Dies soll auch hier der Zweck sein: Das Erlernen verschiedener Meditationsformen ist, da bin ich mir inzwischen sicher, eine Sache von Jahren oder Jahrzehnten. Meine eigenen

Erfahrungen können mich und andere nur neugierig machen, diese Welt eigenständig zu ergründen.

Erste Schritte

Atem fühlen und lenken

Atem fühlen... welch unglaublich esoterisch klingende Überschrift, nicht wahr? Keine Angst, so esoterisch wird es gar nicht. Mir ist nur kein besserer Titel für das eingefallen, was ich nun kurz beschreiben möchte. Jene Art von Überschriften wird uns in den folgenden Abschnitten wohl noch häufiger begegnen, ich werde jedoch versuchen, diesen Dingen den Schrecken zu nehmen.

Kommen wir also zum ›Fühlen unseres Atems‹:

Hintergrund der Übung ist unter anderem, dass es uns im Alltag überhaupt nicht auffällt, wie ›flach‹ wir eigentlich atmen. In aller Regel atmen wir in unsere Brust hinein, sodass der Bereich Lunge, Rumpfmuskulatur in der Hauptsache für die Atmung sorgt. Meiner Erfahrung nach – und hier bleibe ich abermals jeglichen wissenschaftlichen Nachweis schuldig – führt diese flache Atmung dazu, dass zum einen nur ein Bruchteil des Lungenvolumens zur Atmung genutzt wird, zum anderen begünstigt sie Verspannungen in unserem Rücken und den Schultern, beziehungsweise vernachlässigt die Entspannung dieser Bereiche.

Durch eine bewusstere Atmung unter Zuhilfenahme des Zwerchfells hingegen, entspannen wir viele dieser Muskeln und geben unserem Atem ›mehr Raum‹. Hierzu passt, dass inzwischen das Atemtraining fester Bestandteil verschiedenster Therapien im schulmedizinischen Bereich ist. Was das genau bedeutet, lässt sich vermutlich nur im Selbstversuch fühlen. Um also die ersten Schritte zu diesem zu unternehmen, legen wir uns flach auf den Boden auf eine Decke, oder eine Yogamatte. Ein wenig gemütlich soll´s ja schon sein, wenn wir was für die Gesundheit tun!

- Unsere Arme liegen locker neben den Hüften, unsere Schultern entspannen sich, die Kiefermuskulatur ist locker.
- Wir schließen die Augen und beginnen zunächst tief ein- und wieder auszuatmen.
- Wir atmen durch die Nase ein und durch den Mund wieder aus.
- Wir versuchen, gezielt zu erspüren, welchen Weg der Luftstrom durch unseren Körper nimmt, wenn er sich durch die Nase, den Rachen, in die Lunge und den sich hebenden Brustkorb und zurück durch den Rachen und Mund bewegt.
- Welche Temperatur hat die Luft ganz am Anfang? Wie fühlt sie sich an, wenn sie den Körper verlässt?
- Was spüren wir in der Nase, was in der Brust?

- Vor dem Geistigen Auge verfolgen wir den Luftstrom durch unseren Körper, stellen uns vor, welchen weg er nimmt.

So weit, so gut. Atmen können wir, das sollte nun ausreichend belegt sein. Kommen wir also zur nächsten Stufe:

- Wir versuchen, den Atem nun nicht nur in den Brustkorb, sondern noch tiefer, direkt in den Bauch zu lenken.
- Stellen wir uns vor, wie die Luft beim Einatmen bis tief in den Bauch vordringt.
- Wir spüren, wie sich der Bauch beim Einatmen hebt und beim Ausatmen senkt.
- Beginnen wir, den Atem in unserer Vorstellung zu lenken. Wir stellen uns vor, wie eingeatmete Luft unseren rechten Arm belebt.
- Im nächsten Atemzug gehen wir auf den linken Arm ein.
- Sie strömt durch die Beine, bis in die Zehenspitzen.
- In jeden Winkel des Körpers, den wir uns wünschen.

- Wir spüren, welchen Weg die Luft durch den Körper nimmt und wie sie jeden Winkel, durch den sie strömt, belebt und erfrischt.
- Immer und immer wieder.

Wer dies einige Zeit praktiziert, wird erleben, dass sich die Muskulatur lockert, sich Verspannungen lösen und ein Gefühl der Entspannung einkehrt. Rückschläge, wie das Einschlafen während der Übung, sind erlaubt und kein Anlass zur Sorge!

Diese Übung wird unsere Körperwahrnehmung trainieren, indem wir jeden erdenklichen Winkel unseres Körpers vor dem geistigen Auge visualisieren und bewusst wahrnehmen. Das Bild der strömenden Luft in unserer Vorstellung ist also eine Art wirksames Vehikel, um diese Wahrnehmung auf einfachem Weg zu ermöglichen. Im weiteren Verlauf, kann man selbiges mit einer imaginären, warmen Energie, einer Art warmen Kugel praktizieren.

So befremdlich die Übung auf den ersten Blick also wirken mag, so nützlich wird sie als Grundlage für die weitere Meditationspraxis sein. Eine grundlegende Übung, die ebenfalls im Kontext der Achtsamkeitsübungen, also zur situativen Anwendung, verwendet wird, wie es bei der nächsten Übung der Fall ist. Die stetige Anwendung ermöglicht es uns, mit der Zeit weiter und weiter abzutauchen und unseren Geist zu trainieren, weshalb ich sie bei den grundlegenden Meditationsarten erwähnen möchte.

Atem zählen

Das Zählen des Atems dient im Gegensatz zum Fühlen und Lenken weniger der körperlichen Wahrnehmung, als mehr der Fokussierung der Aufmerksamkeit unseres Geistes. Diese Übung kann im Liegen, oder auch im Sitzen, beispielsweise an der Bushaltestelle oder im Büro praktiziert werden. Insbesondere am Anfang ist jedoch ein ruhiger, ungestörter Ort am besten eignet, da selbst kleine Ablenkungen volle Wirksamkeit entfalten, wie man schnell feststellt. Probieren wir folgende Übung einfach aus:

- Wir schließen die Augen und beachten ausschließlich unseren Atem.
- Wir denken an nichts Anderes, nur an unseren Atem.
- Tief atmen wir in den Bauch hinein, sodass sich dieser hebt und senkt
- Ein und wieder aus.
- Wir zählen: 1
- Wir denken an nichts Anderes, nur an unseren Atem.

- Wir atmen tief ein und wieder aus.
- Wir zählen: 2
- An nichts Anderes denken, nur an unseren Atem.
- Wir atmen tief ein und wieder aus.
- Wir zählen: 3
- Usw.

Unser Ziel ist es, bis 12 zu zählen, ohne an etwas Anderes zu denken, als an unseren Atem. Sind wir bei 12 angekommen, zählen wir rückwärts, bis wir wieder bei 1 angekommen sind. Immer dann, wenn wir uns dabei ertappen, während des Atmens an etwas Anderes gedacht zu haben, geht das Zählen von vorn los. So einfach sind die Regeln dieses ›Spiels‹.

Für die meisten von uns wird das Spiel anfangs noch vor dem Erreichen der 2 immer wieder von vorn beginnen. Hier ist Geduld und die Wahrnehmung dieser Übung als lustiges Spiel gefragt. Abermals beginnen zu müssen, ist kein Grund sich zu ärgern und auch keine Form des ›Versagens‹! Es geht schlicht um die Übung, dem sich Fokussierens. Mit täglichem, zehnminütigem Training wird man rasch Fortschritte erzielen.

Es ist ausdrücklich NICHT das Ziel, in möglichst kurzer Zeit bis 12 und rückwärts bis 1 zu zählen. Respekt wer dies schafft, ohne in der Zwischenzeit einmal an etwas Anderes gedacht zu haben, denn das ist für Ungeübte nahezu unmöglich! In diesem Falle erübrigt sich für diese Person übrigens das Weiterlesen dieses Buches! Wer diesen Erfolg erlebt, ohne sich selbst zu betrügen, der schreibe bitte lieber selbst ein Buch zum Thema der Entfaltung geistiger Ressourcen und schicke mir eins mit Widmung! Eine Bewerbung bei der NASA ist eventuell aber ebenfalls einer Überlegung wert.

Sinn dieser Übung ist, sich in der ›geistigen Einkehr‹ auszubilden. Eine wesentliche Fähigkeit der Meditation. Wie erwähnt, ist sie eher ein Spiel, als ein Wettbewerb und ein Versagen ist nicht möglich. Man darf nicht vergessen, dass es ein ›Job‹ des Hirns ist, zu denken. Als gute Fähigkeit trainiert man, es ein wenig zu beruhigen, die Aufmerksamkeit auf EINE Sache, nämlich das Atemzählen, zu lenken.

Die Lebensweise in unseren Breitengraden treibt das Hirn dazu, seinen Job etwas übereifrig zu verrichten und viele Dinge gleichzeitig zu behandeln. Dazu ist es jedoch biologisch weder ausgelegt, noch ist jenes ›Multitasking‹ überhaupt möglich, wie ich bereits zuvor erläutert habe. Der einzige Weg, etliche Dinge adäquat zu erledigen, ist es also, sie nacheinander und FOKUSSIERT zu tun. Genau diese Fähigkeit zur Fokussierung, die wir mit dieser Übung trainieren ist es. Im übertragenen Sinne könnte man sagen, wir üben uns darin, die vielen Ameisen, also die vielen Gedankenfragmente, im Kopf zu ordnen und zu bündeln. Aus Massen ungeordnet umherlaufender Ameisen sollen nach und nach einige übersichtliche Ameisenstraßen werden. Ein willkommener Nebeneffekt dieser Übung ist es übrigens, dass uns mit der Zeit klar wird, womit sich unser Geist im Alltag eigentlich kontinuierlich befasst, ohne dass uns dies bewusst ist.

Achtsamer Umgang mit mir selbst

Ein wesentlicher Schritt zur stetigen Meditationspraxis ist es, die Wahrnehmung des ›Ich‹-Begriffs (um ihn später wieder aufzulösen) für sich zu trainieren. Eine wesentliche Voraussetzung hierfür ist die Fähigkeit zur Fokussierung, wie mit den vorangegangenen Übungen begonnen. Sicherlich führen hier viele Wege zum Ziel. Mancher mag sogar sagen, dass dies ja eigentlich erst durch die stetige Meditation passiere. Insofern kann ich natürlich nur meinen Weg darlegen, der für mein Gefühl eher ein gemischter war und noch immer ist. So war für mich wichtig, nicht darauf angewiesen zu sein, mich täglich in eine dunkle von Räucherstäbchen eingedampfte Kammer mit überdimensionalem Gong zurückziehen zu müssen, um dort filmreif zu meditieren. Dies könnte ich nicht in meinen Alltag verpacken, der von einem ganz normalen Arbeits-, Familien- und Künstler-Dasein geprägt ist. Auch mein Tag hat nur 24 Stunden, daran ändert selbst die Meditation nichts. Vielmehr sehe ich es als Wellness-Erfahrung, gelegentlich ausreichend Zeit zum Meditieren zu finden. Wie genau ich meine Praxis im Alltag verpacke, dazu werde ich etwas später noch ausführlich berichten. Im

Vordergrund steht an dieser Stelle die Stärkung des ICH und des FOKUS.

Im Zuge der Achtsamkeitsübungen, die ich täglich während meiner Krankheit praktizierte, musste ich mir die Frage stellen, wie ich das Erlernte in meinen Alltag einarbeiten könnte. Schließlich würden die Kollegen im Büro nicht schlecht staunen, wenn ich mir mal eben fünf Minuten Auszeit vor dem Monitor nehme, um die Augen zu schließen und mal intensiv den Boden unter meinen Füßen zu spüren und mich dabei selbst zu fragen, wie es mir just in diesem Moment geht und warum es mir so geht. Das mag ja in einer Klinik ein durchaus probates Mittel zur Selbsterfahrung sein, im Alltag würde ich allerdings selbst eher Abstand von Menschen nehmen, die sich derart befremdlich verhalten. Erklärungsversuche gegenüber Menschen, die in solch einer Situation den Raum langsam rückwärtsgehend mit weit aufgerissenen Augen verlassen würden, um leise die Tür zu schließen und einen Notruf abzusetzen, wären wohl eher vergebene Liebesmüh, sofern sie sich nicht bereits mit solchen Themen auseinandergesetzt haben. Was soll ich sagen? Ich kann´s verstehen! Ich würde wohl ebenfalls denken, mein Gegenüber habe nicht mehr alle Latten am Zaun. Und das, obwohl ich mich mit dem Thema befasst habe.

Es bleibt also die Frage: Wie wirke ich tagtäglich der Gefahr entgegen, mich im Trubel der Aufgaben nicht ständig selbst zu vergessen? Nun, zunächst wird das kaum gelingen. Viel zu groß ist der Einfluss, den der alltägliche

Stress auf uns nimmt. Zu Anfang habe ich mich sehr über diese Erkenntnis geärgert. Ich war sogar so damit befasst, mich darüber aufzuregen, dass ich das Gegenteil dessen erreichte, was ich eigentlich wollte: Zwischen Stress und Ärger war noch weniger Platz für mich selbst. Ich verbrauchte mehr Energie als zuvor. Und als wäre dies nicht genug, ärgerte ich mich sogar, dass ich mich überhaupt ärgerte, denn eigentlich wollte ich doch völlig gelassen sein. Pustekuchen! Es galt also, tiefer zu stapeln und das Thema in kleinen Schritten anzugehen. Was mir dabei half, waren grundlegendere Achtsamkeitsübungen, wie man sie ganz zu Anfang erlernt und die einem im Alltag begegnen:

Nehmen wir zum Beispiel die morgendliche Dusche. Hier nehme ich mir etwa zwei Minuten Zeit, mir ganz bewusst zu machen, an welcher Stelle meines Körpers Wasser und Schaum zu spüren ist. Nein, ich verbinde mich nicht mit dem Universum und auch nicht mit dem Shampoo-Gott, sondern mache mir lediglich bewusst, was da auf meiner Haut passiert.

Anschließend putze ich mir die Zähne. Ich spüre, was da im Mund passiert. Ich stelle mir bildlich vor, welcher Zahn da just in diesem Moment eingeschäumt und gereinigt wird.

So geht es weiter beim Frühstück: Ich versuche wahrzunehmen, was ich da esse und wie ich es esse. Worauf ich gerade beiße? Es wird alles bewusst ergründet.

Am Abend ist es oft die Zubereitung des Abendessens: Ich bemühe mich, das Gemüse auf dem Schneidebrett BEWUSST zu schneiden. Das hat übrigens den Vorteil, dass man sich deutlich weniger in die Finger piekt.

Zugegeben: Dies liest sich ebenfalls, wie ›Nicht mehr alle Latten am Zaun haben‹, der Sinn meines Tuns erschließt sich jedoch mit einer kleinen Erläuterung. Diese Übungen tun mit mir nichts Anderes als den besagten ›Autopiloten‹ für eine gewisse Zeit zu deaktivieren. Sie sind darauf angelegt, sich für diesen Moment im ›Hier und Jetzt‹ zu bewegen und wahrzunehmen, wie man sich fühlt, wo man sich befindet und warum dies passiert. Wir befinden uns also in einer grundlegenden Übung zur Wahrnehmung des ›Ich‹, in dem man sich mit dem ›Ich‹ in der aktuellen Situation befasst. Es sind genau diese Momente, die mir ideal für diese Übungen erscheinen, denn hier ist man allein und muss auf keine Fragen von außen reagieren. Umgekehrt, so stelle ich fest, während ich mich damit befasse, läuft der Autopilot in aller Regel bereits in der Dusche am Morgen: Man duscht sich, nimmt es aber nicht aktiv wahr. Stattdessen ist das Hirn damit beschäftigt, den Tag zu planen, zu überlegen welche Aufgaben man noch nicht erledigt hat, oder wie man Zeit sinnvoller nutzen könnte. Ab und an hadern wir noch mit dem gestrigen Tag oder rekapitulieren Situationen, die wir irgendwann erlebt haben. Fakt ist jedoch: Unser Geist befindet sich meist entweder in der Zukunft, oder in der Vergangenheit. Er befasst sich mit dem Ausmalen von Szenarien, die in dieser Form wohl nie eintreffen werden, da die Zukunft noch nicht geschrieben ist. Oder aber er grübelt über vergangene Dinge, die nicht mehr verändert werden können. Das ist prinzipiell nichts Schlimmes, denn aus Vergangenem kann man lernen und eine gewisse Planung der näheren Zukunft ist auch nicht das Schlechteste. Wesentlich ist allerdings, dass in dieser Lebensweise keinerlei Zeit für das ›Hier und Jetzt‹ und damit für das ›Ich‹ bleibt.

Mit einfachen Übungen, von denen im Alltag niemand etwas mitbekommt und die mich nur wenige Minuten pro Tag beanspruchen, trainiere ich. Und je mehr ich dies tue, umso mehr wird es nach und nach zu einem natürlichen Bestandteil, der mich gelassener werden und die oft noch immer vom Autopiloten geprägten Stresssituationen deutlich entspannter erleben lässt. Es ist wie ein positiver, schleichender Prozess.

Achtsamkeit und Wahrnehmung im Alltag

Ich habe schon beschrieben, inwieweit ein achtsamer Umgang mit mir, mir selbst nützt und wie er sich in das tägliche Leben integrieren lässt. Ich erinnere hier nochmal an das Wahrnehmen des Schaums in der Dusche, die Aufmerksamkeit beim morgendlichen Zähneputzen oder dem Gemüseschneiden am Abend.

Diese Art der Übung, dient wiederum der mit dem Atemzählen in Verbindung zu bringenden Fokussierung und darüber hinaus der Stärkung der Selbstwahrnehmung. An dieser Stelle finden also zwei Methoden zueinander, um uns auf eine neue Ebene des Trainings und damit in unmittelbare Nähe der Meditation zu führen.

Es ist diese Schnittstelle, die uns zeigt, dass ein Training des Geistes keinerlei spirituellen Hintergrund haben muss und noch dazu recht einfach mit dem Alltäglichen zu vereinbaren ist. Wann immer wir also möchten, können wir Gelegenheit finden, Achtsamkeit und damit Übungen für den Geist in unseren Tag zu integrieren. Sei es im Fahrstuhl, unter der Dusche, im Büro oder in der Küche. Wir müssen es nur tun!

Grundlage der Sitzmeditation

Haltung

Hinsichtlich der adäquaten Haltung für die Sitzmeditation scheiden sich die Geister der verschiedenen Disziplinen. Hier propagiert man den Lotussitz, der für ungeübte eher schwierig realisierbar ist, dort den Schneidersitz. Der Fersensitz oder der aufrechte Sitz auf einem Hocker mit rechtwinklig ausgerichteten Kniegelenken ist jedoch auch völlig ausreichend. Allen gemein ist, dass eine aufrechte Sitzhaltung erforderlich ist. Warum es wichtig ist, wie genau man während der Meditation sitzt? Das ist recht einfach: In allen Begründungen finden sich Begriffe, wie ›Energiefluss‹ oder ›aufmerksamer Geist‹.

Mir selbst erschienen diese Begründungen anfangs wenig wissenschaftlich. Insbesondere das aufrechte Sitzen ohne jegliche Lehne im Rücken empfand ich als anstrengend. Meine ›Büromuskulatur‹ ermüdete recht schnell und verleitete mich dazu, langsam und unbemerkt in mich zusammenzusinken. Somit dachte ich zunächst, die Haltung müsse völlig zweitrangig sein. Eine gemütliche Position, in der ich nicht ständig an meine Rückenmuskulatur dachte, sollte doch ausreichend sein. Fakt ist zumindest, dass es schwierig ist zu meditieren, wenn man mit

Schmerzen befasst ist. So weit ist es also durchaus richtig. Die eigene Erfahrung hat mich folgendes gelehrt:

In der Tat scheint eine gewisse aufrechte Haltung sehr förderlich für die Meditation zu sein. Es kommt mir vor, als habe sie einen unmittelbaren Einfluss auf die Aufmerksamkeit des Geistes und auch auf den Fluss des Atems. Selbstverständlich kann man ebenfalls im Liegen meditieren. Für mich persönlich war dies zu Anfang deutlich schwieriger, weil ich hier zum Einschlafen neigte. Trotzdem sind die anfänglichen Schwierigkeiten des Sitzens nicht von der Hand zu weisen. Hier liegt das Geheimnis allerdings in der Übung. Hat man erst einmal eine für sich passende Art des Sitzens gefunden, so lässt sich diese üben und der Körper gewöhnt sich recht schnell daran. Schmerzfreies Sitzen stellt irgendwann kein Problem mehr dar. Ich selbst bevorzuge den Fersensitz (man kniet sich hin und setzt sich mit dem Gesäß auf die Unterschenkel/Fersen), unterstützt durch ein Meditationskissen. Das Kissen liegt zwischen den Unterschenkeln, das Gesäß sitzt darauf, wodurch die Knie entlastet werden. Steht keines zur Verfügung, so wende ich den Schneidersitz oder eine ganz normale Sitzposition auf einem Hocker an. Was nun die beste Position sein mag, liegt wohl wieder einmal im persönlichen Gusto.

In allen Varianten ist das Wesentliche, dass sich der Oberkörper in aufrechter Haltung befindet und die Wirbelsäule eine gerade Linie mit dem Kopf bildet. Ganz so, als wäre eine Schnur am Kopf befestigt, die uns in Richtung der Raumdecke zieht. Unsere Schultern hängen dabei locker nach unten. Die Kiefer-, beziehungsweise Gesichtsmuskulatur ist entspannt, unsere Zunge liegt locker am Gaumen, hinter den oberen Schneidezähnen.

Was aber tun wir mit den Armen? Auch hier gibt es verschiedene Varianten, aus denen man sich die bequemste heraussuchen sollte: Wichtig ist, dass die Oberarme NICHT eng am Brustkorb anliegen, denn dieser soll sich beim Atmen ungehindert heben und senken können. Selbiges gilt für den Bauch und die Unterarme. Die Hände lassen sich, bezogen auf Scheider- und Lotussitz, mit nach oben gerichteten Handflächen auf den Oberschenkeln oder den Knien positionieren.

Alternativ dazu können die Finger der rechten Hand mit nach oben gerichteter Handfläche in die linke Hand gelegt werden, sodass eine Art Schale geformt wird. Die Position ist dann korrekt, wenn sich beide Daumenspitzen beinahe berühren. Diese ›Schale‹ findet ihren Platz vor dem Bauch, knapp unterhalb des Bauchnabels. Diese Variante eignet sich für den Schneider-, Lotus- und Fersensitz. Beim Fersensitz oder der Verwendung eines Hockers lassen sich die Hände darüber hinaus auch einfach mit nach unten gerichteten Handflächen auf den Oberschenkeln ablegen. Ich selbst mag, wie erwähnt, den Fersensitz in Kombination mit dem Modell ›Handschale vor Bauch‹, denn diese Handhaltung sorgt automatisch dafür, dass meine Arme in einer Art angewinkelt sind, die dem Brustkorb viel Raum bietet.

Wer sich solche Sitzpositionen im alltäglichen Leben vergegenwärtigen möchte, sollte einfach den nächsten Deko-Laden aufsuchen. Hier finden sich trendgerecht eine Menge meditierender Buddha-Figuren, die meines Erachtens gute Anschauungsobjekte abgeben. So einfach kann´s manchmal sein.

Vorgehen

Beginnen wir mit dem einfachsten Schritt: Wir schließen die Augen. Also... nicht jetzt, denn sonst wird´s ja mit dem Lesen schwierig.

Wenn wir also unsere Meditationshaltung eingenommen haben, schließen wir die Augen. Wir atmen in den Bauch, wie wir es schon praktiziert haben, als wir das ›Atem fühlen und lenken‹ übten. Und genau jene, von uns schon ausgiebig trainierte Übung, bringt es mit sich, dass wir relativ schnell in einen Zustand der Ruhe kommen. Der ermöglicht es uns, entweder einfach dabei zu bleiben, oder aber unsere Gedanken zu beobachten. Beobachten ist hier der richtige Ausdruck, denn wir stellen uns vor, wir säßen in einem Kino und würden Gedanken auf der Leinwand betrachten. Wir folgen diesen nicht, wir bewerten sie auch nicht. Wir beobachten nur. Immer, wenn wir einem Gedanken folgen wollen, ertappen wir uns dabei, ganz so wie beim ›Atem zählen‹. Wir nehmen es wohlwollend zur

Kenntnis, dass wir uns in einem Gedanken verloren haben und kehren in die Perspektive des Kinobesuchers zurück.

Das war´s? Ja, zunächst war es das, denn es ist der schwierigste Teil der Übung: Beobachten, ohne zu werten. Wir betrachten uns und unsere Gedanken aus einer REGIE- oder VOGELPERSPEKTIVE. Diese Begriffe werden uns noch einige Male begegnen und sind unglaublich wichtig, um Ruhe und Neutralität ebenfalls bei beängstigenden Gedanken bewahren zu können. Wir sehen uns also von außen, von oben!

Was nach einigen Wochen der Übung passieren wird, ist bemerkenswert, denn der Kinofilm, der dort vor dem geistigen Auge abläuft, wird hinsichtlich seiner Handlungsstränge deutlich übersichtlicher. Meiner Erfahrung nach ließ sich das, was passierte zunächst mit Tausenden umherlaufender Ameisen vergleichen. Nach und nach, mit zunehmender Praxis, formten sich aus diesen wild umherlaufenden Ameisen immer klarere Ameisenstraßen. An dieser Stelle sind wir wiederum beim Fokussierungstraining, das wir ja schon geübt haben. Bei der tieferen Meditation setzt sich diese Entwicklung fort: Die Gedanken ordneten sich in meinem Fall, bis schließlich sogar diese Ameisenstraßen dünner und dünner wurden und nur noch vereinzelte Gedankenameisen auf der Leinwand erschienen. Was sich dazwischen abspielte, war eine erfüllende, positiv aufgeladene Leere voller Licht und Farben. Dies ist eine Beschreibung, die auf mich ganz persönlich zutrifft und die im individuellen Erleben auch anders sein mag. Es lohnt sich, es auszuprobieren.

Eine andere Variante dieser Meditationsform ist es, einen Gedanken, ein Thema, einen Konflikt oder einen Menschen vor dem geistigen Auge zu betrachten. Einfach betrachten, wieder ohne zu werten. Während man dies tut, stellt sich, zumindest in unserem effizienzgeprägten Kulturkreis, unweigerlich die Frage, was nun Ziel dieser Betrachtung sein soll. Die Antwort ist allerdings, dass es dieses Ziel nicht gibt. Betrachten, ohne zu werten! Betrachten, ohne Erwartung...

Es ist diese Betrachtung, frei von einer zu erwartenden Erkenntnis, die mich mittelfristig im Alltag auf andere Sichtweisen eines Themas hinsteuert. Das geschieht oftmals ganz unbemerkt, manchmal wie eine plötzliche Idee. Die Meditation hilft in erster Linie dabei, Ordnung in eine Vielzahl von Gedanken zu bringen und Ruhe in den emotionalen Teil dieser einkehren zu lassen. Sie befreit den Geist, versetzt uns in die Vogelperspektive über uns und das Umfeld. Und das macht sie nachhaltiger und zuverlässiger, je mehr sie praktiziert wird. Wer nun also am Anfang der Praxis ein Ziel für sein Tun benötigt, der führe sich vor Augen, einen Grad der Ruhe zu erlangen, der kein Ziel mehr erforderlich macht und behalte dabei im Hinterkopf, dass es keinesfalls bedeutet in Passivität oder Gleichgültigkeit zu verfallen. Es ist im Gegenteil eine Art befreiter Aufmerksamkeit.

Diese Art der Meditation vereint in sich mehrere Formen und Elemente, die aus verschiedenen Kulturkreisen und Religionen bekannt sind. Hier wird häufig zwischen Meditation in Stille, Sitzmeditation gemäß Zen oder auch Achtsamkeitsmeditation unterschieden. Die wiederum können mit ihren ganz eigenen Sitzpositionen verknüpft sein. Ich habe für mich ganz automatisch genau jene Form gefunden, die mich in den richtigen Schwerpunkt steuert. Manchmal sind dort viele Gedanken, manchmal fließt einfach der Atem. Ab und an lege ich meine Aufmerksamkeit auf ein körperliches Befinden, einen Schmerz oder das Kitzeln an meiner Nasenspitze.

Genau das ist das Schöne: Es ist alles erlaubt! Meditation ist kein Wettbewerb, sondern etwas ganz Individuelles und Persönliches ohne richtig oder falsch. Richtig ist, was Dir guttut, ganz gleich was irgendwelche Lehrer predigen. Es mag durchaus Erfahrungen geben, von denen viele Praktizierende gleichermaßen berichten, wichtig ist jedoch nicht wer welche Erfahrung wie schnell durchläuft. Ein Leistungsgedanke ist kontraproduktiv! Mache Deine eigene Erfahrung und lass dich von den Ansätzen anderer inspirieren, allerdings nicht hinsichtlich eines richtig oder falsch belehren!

Objektbezogene Meditation

Zu Anfang ist es sehr schwierig den Zustand der geistigen Aufmerksamkeit und der gedanklichen Ruhe zu finden. Insbesondere dann, wenn es im Alltag mal wieder hoch hergeht, kann es eine Herausforderung darstellen. Das ist völlig normal. Tausend Bilder laufen vor unserem geistigen Auge ab und wir bringen es kaum fertig jene Gedanken nicht zu folgen. Wir finden uns augenblicklich in einer Frustsituation wieder, die wir mit unserem Tun ja eigentlich vermeiden wollen. Menschlicherweise ärgern wir uns darüber, nicht zur Ruhe zu kommen, auch wenn wir ja nur betrachten und nicht werten wollten. Und selbst diese Erkenntnis stößt uns auf. Wer das erlebt, dem sei gesagt, dass es kein Grund zur Sorge ist. Diese Phasen gibt es! Es ist der Job unseres Hirns dies zu tun und es bedarf viel Training, eine solche Situation aktiv wandeln zu können. Im Vergleich mit einem Sportler könnte man sagen: Hat sich der Sportler eine Bewegung in seiner Disziplin über Jahre hinweg antrainiert und erkennt plötzlich, dass sie durch eine kleine Änderung im Ablauf wesentlich effektiver wäre, so wird er mehrere Wochen brauchen, sich selbst umzuprogrammieren und den über Jahre automatisierten Ablauf zu verändern. Das bewährte Bewegungsmuster wird sich anfangs wieder und wieder einschleichen. Das Training des Geistes unterscheidet sich nicht von jenem des Sportlers, außer in einem Punkt: Es gilt nicht die Muskulatur, sondern die Sicht auf die Gedanken zu steuern. Veränderungen in bewährte Muster zu bringen, ist harte Arbeit, die viel Disziplin und den Umgang mit Rückschlägen erfordert. Das sollte man sich in solch einer frustrierenden Situation stets vor Augen führen.

Es gibt allerdings einen kleinen Trick, der uns in einer solchen Situation helfen kann. Zumindest hat er dies in meinem Fall getan. Wir nutzen die Tatsache, dass unser Hirn sich offenbar von visuellen Reizen gut ablenken lässt. Wer nun unmittelbar an das von ihm favorisierte Geschlecht und gutaussehende, leichtbekleidete Menschen denken muss, den muss ich leider enttäuschen. Die visuellen Reize sollen den Geist befreien, nicht binden. Somit wird es nun etwas weniger aufregend. In meinem Fall ist es eine brennende Kerze, oder auch ein Kaminfeuer, das mir als ›Objekt‹ oder visueller Reiz dient. Es kann jedoch auch eine Blume, ein Stuhl, oder was auch immer sein.

Bleiben wir beim Beispiel der brennenden Kerze:

- Wir nehmen unsere bevorzugte Meditationshaltung ein.
- Die Augen schließen wir NICHT.
- Wir betrachten die Flamme der Kerze.
- Wir nehmen wahr, wie sie sich bewegt.
- Alles andere wird unwichtig.
- Nur die Flamme ist es, die uns interessiert.

- Welche Farben hat sie?
- Wie bewegt sie sich?
- Welche Form hat sie?
- Nur die Flamme.
- Nichts Anderes.
- Unser Blickfeld erweitert sich. Die Flamme im Mittelpunkt und dahinter die gesamte Umgebung.
- Wir nehmen weiterhin die Flamme wahr, ihre Bewegung, jedoch nicht mehr alle Details

Die Übung hat den Sinn, mittels visuellen Aspekts, der zum Fokus wird, zur gedanklichen Ruhe zu kommen. Für viele Menschen ist dies leichter, als mit geschlossenen Augen Ordnung ins Wirrwarr ihrer Gedanken zu bekommen. Allerdings ist hier die Gefahr der visuellen Ablenkung deutlich höher. Es ist also zu empfehlen, die ersten Versuche dieser Übung an einem Ort vorzunehmen, an dem es möglichst wenige optische oder akustische Reize gibt. Die spätere ›Erweiterung‹ des Blickes bedarf keiner aktiven Aktion, sondern geschieht nahezu automatisch: Je mehr der Geist zur Ruhe findet, umso größer wird in unserem Gefühl der Raum um uns herum, umso weiter wird der eigene Blick. Für mich war dies ein Indikator dafür, dass sich etwas veränderte.

Meditation mit Klängen

Ganz ähnlich, wie bei der objektbezogenen Meditation, verhält es sich in Bezug auf Klänge. Dies kann Meditationsmusik sein, wie man sie vielfach im Internet findet, das sanfte Schwingen von Klangschalen oder aber auch die laufende Waschmaschine, das Zwitschern der Vögel im Wald oder das Plätschern eines fließenden Baches. Hier sind der Kreativität keine Grenzen gesetzt, so lang man dem Geräusch der Wahl etwas für einen selbst Beruhigendes abgewinnen kann. Wir verfahren analog zur objektbezogenen Meditation, allerdings dürfen diesmal die Augen geschlossen werden, denn es geht ja eher um die Ohren:

- Wir nehmen unsere bevorzugte Meditationshaltung ein.
- Wir schließen die Augen.
- Wir betrachten das Geräusch, nehmen es intensiv wahr.
- Jede Schwingung, jedes Detail des Geräusches nehmen wir wahr.
- Alles andere wird unwichtig.
- Nur das Geräusch.

- Wird es lauter oder leiser?
- Wie verändert es sich?
- Was löst es in uns aus?
- Nur das Geräusch ist wichtig.
- Nichts Anderes.

Die Auswahl des jeweiligen Klangs ist subjektiv. Im kirchlichen Bereich gibt es beispielsweise den Choral, der eine Einkehr in sich selbst unterstützen soll. Andere Kulturkreise verwenden möglichst rhythmische Klänge, bis hin zu laut gesprochenen Mantras, auf die wir später noch einen Blick werfen werden.

Was die Meditationsmusik betrifft, ist es mir sehr schwer gefallen, etwas Passendes zu finden. Stets, wenn ich gute Passagen vorfand, wurden diese durch andere fortgeführt, die mich eher aus dem Konzept brachten. Bei den natürlichen Klängen störten mich oft Dinge, die künstlich hinzugefügt wurden. Wenn ich beispielsweise dem Bach lausche, möchte ich nicht noch von einem epischen Gong überrascht werden. In dieser Richtung bin ich eindeutig der ›monotone‹ und langweilige Typ.

Sei es drum... Glücklicherweise bin ich durch meinen musikalischen Bezug sozusagen vom Fach. Ich habe daher kurzerhand meine eigenen Meditationsklänge produziert, die ich fortan mit Smartphone und Kopfhörern mit mir herumtragen konnte.

Bei mir persönlich erweitert sich der Horizont auch im Verlaufe dieser Meditationstechnik: Der Raum um den akustischen Reiz vergrößert sich in meiner Wahrnehmung und wird zu einem sehr, sehr großen und sicheren Ort.

Umgebungsgeräusche

Ich erwähnte bereits, dass bei der Meditation zu Klängen der Phantasie keinerlei Grenzen gesetzt sind. Was können wir also tun, wenn wir doch unbedingt zu einem Klang meditieren möchten, aber eben nicht die favorisierten Klänge zur Hand haben? Ganz einfach: kreativ werden! Diese Art der Meditation macht uns flexibel, denn selbst in einem sehr stillen Raum, wird man irgendetwas finden, was ein Geräusch macht. Sei es das Ticken einer Uhr, oder einfach nur das Rauschen unseres eigenen Bluts in den Ohren. Das andere Extrembeispiel wäre die Autobahn, die sich in direkter Nähe befindet. All diese Geräusche, die sich stetig fortsetzen, können wir fokussieren und zur Meditation nutzen.

›Flagging‹ von Störungen

Was für mich das Geräusch des störenden Gongs am Bach ist, ist bei nahezu jeder Meditationsform ein anderes Beliebiges. Noch schlimmer ist es bei stetiger Wiederholung. Dies ist allerdings auch eine Eigenschaft, die wir für uns nutzen können. Ich spreche hier vom ›Flagging‹, also einer Art imaginären Markierung des Störgeräuschs. Das Prinzip ist recht leicht erklärt: Nehmen wir an, wir sitzen in einem eigentlich stillen Raum und meditieren so vor uns hin. Plötzlich entscheidet sich der Hausmeister im fünften Obergeschoss, die Bohrmaschine ›auszuführen‹. Er bohrt natürlich nicht nur ein Loch, nein, er will beweisen, was in ihm und seiner Maschine steckt und möchte sowohl Specht, als auch Holzwurm alt aussehen lassen. Er bohrt also wieder und wieder, als gebe es kein Morgen.

Das muss nicht das Ende der Meditation sein. Was wir nun tun ist, dieses Geräusch aus dem fünften Obergeschoss wahrzunehmen und zu betrachten. Immer dann, wenn es auftaucht. Wir nehmen wahr, dass es keine Bedrohung für uns darstellt. Es ist nichts, worauf wir in irgendeiner Weise reagieren müssen. Haben wir dies realisiert, markieren wir es imaginär. Sei es mit einem Zettel, den wir in unserer Vorstellung an das Geräusch kleben, oder mit einem Farbtupfer, den wir aufbringen. Fortan werden wir uns immer, wenn die Bohrmaschine läuft, nicht mehr ihren Lärm betrachten, sondern uns sanft und wohlwollend an jede Markierung erinnern können, die wir vorgenommen haben.

Wir werden augenblicklich wissen, dass jener Lärm keine Bedrohung darstellt und wir ihm keine Aufmerksamkeit widmen müssen. Die Bohrmaschine wird uns nicht mehr in der Meditation stören.

Zugegeben: Auch diese Technik erfordert einiges an Übung und die Königsklasse liegt wohl darin, den Klang einer Fliege einfach existieren lassen zu können, die um unser Ohr herumschwirrt. Aber ich verspreche: Es funktioniert! Mücken in der Nacht machen mich jedoch nach wie vor wahnsinnig. Ich neige weiterhin dazu, sie rasch mit dem Universum zu vereinen.

›Licht atmen‹

Ein wahres Gute-Laune-Highlight der Meditation ist für mich die Technik des ›Licht Atmens‹ als Vorstufe der sogenannten ›Meditation der liebevollen Güte‹, die ich später noch erklären werde. Allerdings assoziiere ich letzteren Titel eher mit rosafarbenen Einhörnern, weshalb wir zunächst einmal beim Licht atmen bleiben wollen. Sinn dieser Übung ist die Vorstellung, positive Energie aufzunehmen und ebenso in der Welt zu verteilen. Diese intensive Vorstellung wird früher oder später zu einer Stimulation jener Hirnareale in unseren Köpfen führen, die sich mit einem Wohlgefühl von Geborgenheit und Empathie in Verbindung bringen lassen. So zumindest die Theorie und mein persönliches Empfinden.

Der Einstieg in diese Form der Meditation ist recht einfach, sofern man die zuvor beschriebenen Schritte bereits beherrscht:

- Wir nehmen unsere bevorzugte Meditationshaltung ein.
- Die Augen werden geschlossen.
- Wir atmen in den Bauch, verfolgen unseren Atem, nehmen ihn intensiv wahr.

- Wir atmen aus, verfolgen unseren Atem, nehmen ihn ebenfalls intensiv wahr.
- Alles andere wird unwichtig.
- Nur unser Atem.

Nun kommt die nächste Stufe, welche besonders interessant wird: Wir stellen uns intensiv vor, die Luft, die wir atmen, wäre pures Licht! Einige Menschen mit denen ich meditierte, half auch die Vorstellung von ›Glück‹. Sei es nun Licht oder Glück, wir atmen es tief ein und wieder aus!

- Wir stellen uns vor, wie das Licht beim Einatmen den ganzen Körper erhellt, folgen dem Licht mit unserem Atem auf dessen Weg durch den Körper
- Eine wohlige Wärme erfüllt uns
- Wir werden selbst zur Quelle von noch mehr Licht
- Wir atmen dieses Licht aus und schicken es in die Welt
- Dies tun wir wieder und wieder

Wer diese Technik beherrscht und nach zehnminütiger Meditation nicht deutlich bessere Laune hat als zuvor, der hat ein echtes Problem, wenn ich das mal so sagen darf!

Scherz beiseite, natürlich erfordert auch diese Technik viel Übung. Ich kann nur dazu raten, sich nicht über Misserfolge zu grämen, sondern von Stolz erfüllt zu sein, wieder ein wenig trainiert zu haben. Der Erfolg wird sich einstellen! Ein Geheimtipp, der spätestens ab jetzt keiner mehr sein wird, ist es, sich bei dieser Übung vor ein Fenster zu setzen, durch das die Sonne scheint. Eine andere Lichtquelle oder eine Wärmelampe können ebenfalls hilfreich sein. Die Haut des Gesichts nimmt die Wärme wahr, das Licht scheint durch die geschlossenen Augenlieder. Beides unterstützt die Suggestion des Atmens wohligem Lichts.

Die Königsdisziplin in dieser Hinsicht ist die bereits erwähnte ›Meditation der liebevollen Güte‹ (Metta Bhavana). Diese hat natürlich rein gar nichts mit rosafarbenen Einhörnern zu tun. Tatsächlich ist hier das zuvor geatmete Licht oder Glück, durch pure Liebe zu ersetzen. Diese erfüllt dann einen selbst und wird darüber hinaus in die Welt hinaus gesendet. Als wäre das nicht genug, kann man dies dann auch noch in Bezug auf Personen, insbesondere auf solche, die man nun gar nicht mag, tun, um auf diese Weise Groll durch Wohlwollen und Verständnis zu ersetzen. Dies ist natürlich umso schwieriger, je mehr Negatives man mit einem solchen Menschen verbindet. Was soll ich sagen: Auch das funktioniert tatsächlich! Es ist möglich, durch ein relativ einfach zu erlernendes Training des Geistes, positiven Einfluss auf sich selbst und durch die damit verbundene Änderung der eigenen Perspektive, auf die Umwelt zu nehmen!

Hier zeigt sich für mich in besonderem Maße, wie mächtig dieses Training sein kann, sofern man sich nur einmal vorstellt, dass es verbreitete Anwendung finden würde.

Bewegungsmeditationen

Häufig dient eine körperliche Tätigkeit als Fokus der Meditation. Die einfachste Tätigkeit, die dafür genutzt wird, ist wohl das Gehen, sowohl in der christlichen Kultur (bei verschiedenen Mönchsorden etc.) als auch in der fernöstlichen, z. B. im Zen (dort bekannt als Kinhin). Bekanntester Vertreter dieser Meditationsform im Westen ist der aus Vietnam stammende, seit 1971 in Frankreich lebende, buddhistische Mönch Thích Nhất Hạnh. Grundsätzlich stellt sich bei näherer Betrachtung jedoch heraus, dass Formen der Bewegungsmeditation in den meisten Fällen direkten oder indirekten Bezug zum religiösen Glauben haben. Den meisten Varianten ist darüber hinaus gemein, dass die Bewegung als eine Art Hilfsmittel fungiert. Es soll dabei helfen, die Gedanken oder den Geist zu lenken. Das ist insbesondere im Yoga der Fall. Auf diese Weise wird die vielzitierte Einheit von Körper und Geist angestrebt. Es geht in der Bewegungsmeditation also vor allem darum, die eigene Perspektive dahingehend zu wandeln, dass der Körper nicht nur eine ›Behausung‹ ist, in der der Geist verweilt, sondern dass beide Seiten unmittelbaren Einfluss aufeinander nehmen.

Wie bereits erwähnt ist der wohl bekannteste Bezug zur Gehmeditation der Zen-Buddhismus. Insbesondere in diesem Zusammenhang kennt man das Bild vom auf- und abgehenden, in sich gekehrten Mönch, der auf den Betrachter zunächst äußerst geheimnisvoll wirkt und aus einer anderen Welt zu stammen scheint.

Probiert man diese Art der Meditation jedoch einmal selbst aus, erschließt sich einem relativ schnell, wie wenig geheimnisumwittert diese in Wirklichkeit ist. Zugegebenermaßen fühlte sich der erste Versuch bei mir persönlich etwas befremdlich an, da ich ihn eben in einer solchen Zen-Gruppe unternahm. Während ich in aller Stille vor mich hin schritt, war ich mehr damit befasst, die anderen Menschen aus dem Augenwinkel zu beobachten, als mich um irgendeine Einkehr zu kümmern. Meinten die das wirklich ernst? Wurde ich vielleicht meinerseits beobachtet? Nichts dergleichen war der Fall. Es bleibt zu sagen, dass eine Gruppe den ›technischen‹ Einstieg in eine solche Welt zwar erleichtern mag, für die Konzentration war sie in meinem Fall jedoch nicht förderlich.

Wie aber funktioniert meditatives Gehen nun konkret? Ich denke, es ist zunächst einmal wichtig, sich vor Augen zu führen, dass wir hier über das Gehen sprechen. Auch als Profi werden wir also keinesfalls zu schweben beginnen. Ebenfalls nicht zum Klo, so schön es, insbesondere für die männlichen Zeitgenossen, wäre. Dieses Ziel sollten wir also nicht haben. Vielmehr ist das Augenmerk darauf gerichtet, unsere Atmung mit dem Rhythmus des Gehens zu synchronisieren. Hierdurch wird eine gewisse Ruhe in den Körper einkehren, die es uns ermöglicht auch den Geist zu entspannen, wobei uns wiederum die Atmung hilft. Zu Beginn dieser Meditationsform ist es sehr hilfreich, barfuß erste Erfahrungen zu machen. Eine nicht allzu helle Umgebung hilft gleichfalls dabei, sich nicht von optischen Reizen ablenken zu lassen.

- Unser Blick ist unangestrengt nach unten gerichtet und nicht auf etwas Konkretes fokussiert.
- Die Hände liegen ineinander, kurz unterhalb des Nabels und bilden eine Schale
- Der Stand ist aufrecht, der Kopf bildet eine gerade Linie mit der Wirbelsäule
- Unser Oberkörper ruht auf dem Becken, als würden wir auf einem Pferd reiten.
- Wir nehmen den Boden unter unseren Füßen wahr. Die Beschaffenheit. Was fühlen wir?
- Wir machen den ersten Schritt, atmen dabei langsam und tief in den Bauch, spüren wie der Atem fließt. Welchen Weg nimmt die Luft, die wir atmen?

- Wir fühlen währenddessen den Boden unter den Füßen, nehmen die Bewegung unseres Körpers wahr.
- Wir machen den nächsten Schritt und atmen langsam aus, beobachten den Atem
- Wir nehmen jeden Schritt, jeden Atemzug wahr, ohne ihn zu werten.
- Wir nehmen wahr, wenn Gedanken uns ablenken, ohne uns darüber zu ärgern und kehren stattdessen wieder wohlwollend zu Atem und Wahrnehmung unserer Schritte zurück.
- Jeder Schritt ist eine eigene Welt. Jeder Schritt.

Grundsätzlich bleibt die Rhythmik des Atems jedem selbst überlassen. Persönlich stelle ich jedoch fest, dass es durchaus Sinn macht, ihn mit der Bewegung zu synchronisieren. Der FortgeSCHRITTene – man beachte das neckische Wortspiel – lächelt bei dieser Übung und steigert hierdurch das eigene Wohlbefinden. Das Hirn nimmt nämlich die Position der Gesichtsmuskeln wahr und schüttet entsprechende Botenstoffe aus. Schließlich lächeln wir ja, da muss man einfach gute Laune haben!

Mit entsprechender Übung wird durch diese Methode der Kopf recht schnell von den alltäglichen Gedanken geleert und der Geist zur Ruhe kommen. Wer es entsprechend oft anwendet, wird feststellen, dass er von ihr auch während des ganz normalen, alltäglichen Gehens von A nach B profitieren kann: Wie bei anderen Meditationsarten, stellt sich ein gewisser Trainingseffekt ein, der uns in die Lage versetzt, unseren Geist recht schnell im Alltag zur Ruhe zu bringen, auch ohne das unser Umfeld etwas davon mitbekommt. Natürlich ohne eine Schale mit den Händen zu formen und auch nicht, während wir barfuß durch die Stadt laufen. Diese ›formale‹ Art der Übung dient vielmehr als der erste Schritt und der späteren, tieferen Einkehr. Sie ist aber nicht notwendig, wenn der Geübte durch den Alltag schreitet.

Yoga

Wer an Meditation denkt, kommt nicht umhin, auch das Thema ›Yoga‹ zu passieren. Nun ist Yoga so eine Sache. In westlichen Gefilden zeichnet sich doch recht schnell das Bild einer Gymnastik-Gruppe vorwiegend weiblicher oder metrosexuell veranlagter, männlicher Teilnehmer auf Isomatten. Diese sind zumeist mit violetten Leggings und weiten Oberteilen bekleidet. Noch schnell den ToGo-Kaffeebecher in den Fairtrade-Recyclingbehälter geworfen und los geht´s mit dem Trendsport für die emanzipierte Frau oder den metrosexuellen Mann von Welt. Fertig ist das Yoga-Klischee!

Sehr ähnlich verhält es sich mit dem sogenannten ›Business-Yoga‹. Ja, ich sagte ›Business-Yoga‹. Weil es nun einmal absolut in Mode ist, den Mitarbeitern etwas Gutes im Sinne der ›Work-Life-Balance‹ angedeihen zu lassen, schlägt man als emanzipierte Unternehmerin, oder aber metrosexueller Unternehmer, heutzutage den Feel-Good-Katalog für Arbeitgeber auf und bietet seinen Untertanen bald darauf ›Business-Yoga‹ an. ›Wird schon entspannend sein‹, denkt man sich und lässt dem Schicksal nebst Mitarbeiter-Info-Mail seinen Lauf. So gut gemeint diese Wohltat sein sollte, in ihr steckt nicht nur ein Widerspruch, den bereits der Titel in sich trägt. Wie es nämlich nun mal in der Geschäftswelt so ist: Es muss schnell gehen!

Innerhalb von dreißig oder fünfundvierzig Minuten geht es darum, möglichst viele Körperübungen mit effektivem Atem durchzuführen, um bald darauf hoffentlich entspannt an den Arbeitsplatz zurückzukehren. Natürlich ohne dabei geschwitzt zu haben, weshalb wir die komplizierten Haltungen einfach außen vor lassen. Wenn wir uns einmal eine der wesentlichen Lehren des Begriffs Yoga als ›Weg zur Selbsterkenntnis‹ vor dem Hintergrund dieses dreißig-minütigen Geschäftstermins betrachten, erschließt sich wohl für Jedermann, wo der Haken jenes Tuns liegt. Ähnlich sinnvoll wäre es, sich einen Schneeball in den Rucksack zu legen, um einen Verdurstenden in der Wüste zur Hilfe zu eilen: Nette Idee, der Effekt bleibt aber eher gering. Genauso könnte man diese Form des Yoga auch ›Wellness-Yoga‹ nennen, denn es kann nach Bedarf ›punktuell konsumiert‹ werden, wie eine Massage.

Keinesfalls in Abrede stellen möchte ich an dieser Stelle, dass die Intention hinter diesem Angebot ein absoluter Schritt in die richtige Richtung ist. Eine Massage ist gleichfalls entspannend, um den Vergleich noch einmal aufzunehmen. Darüber hinaus ist jede Form der Einkehr, sei sie auch noch so kurz, wichtig für den Praktizierenden, so viel steht fest. In diesem Fall hapert es meiner Ansicht nach lediglich an der Umsetzung. Wie erfährt der Teilnehmer eines Dreißig-Minuten-Kurses überhaupt davon, auf welche Weise seine Verrenkungen und dieses tiefe Atmen überhaupt Wirkung zeigen sollen? Oftmals gar nicht. Dafür bleibt keine Zeit. Die investierte Zeit verpufft ohne das Wissen um den ideologisch / philosophischen Hintergrund des eigenen Tuns. So viel zu den unzähligen Gymnastikgruppen, die den Titel ›Yoga‹ in sich tragen.

Was ist Yoga also wirklich und was hat es mit Meditation zu tun? Nun, in erster Linie ist es zunächst einmal eine Wissenschaft für sich. Es gibt die unterschiedlichsten Auslegungen und Ausprägungen der philosophischen Grundlagen und praktischen Ausführungen. Schon allein aus diesem Grund, lässt sich in unserem Rahmen wohl nur an der Oberfläche kratzen und eine grobe Zusammenfassung der wesentlichen Merkmale geben. Ein guter Start findet sich vielleicht darin, dass die Philosophie ›Yoga‹ einen Weg zur Selbsterkenntnis beschreibt und ihre ursprüngliche Heimat in Indien, noch vor der Entwicklung des Hinduismus findet. Es ist dieser Weg, der die Philosophie zur ›Erfahrungsphilosophie‹ macht. Kognitives

Verständnis reicht hier nicht aus, weshalb es auch sinnlos wäre, an dieser Stelle einzelne Übungen zu beschreiben. Yoga ist also nicht etwa eine Art hinduistische Meditation, wie sich vielleicht im Kontext der Betrachtung vermuten ließe, sondern viel mehr: Verschiedenste Übungen der körperlichen Bewegung, Sitzhaltungen, Atemtechniken, Askese und eben auch Meditation bilden einen Gesamtkomplex, der durchaus als Lebensphilosophie angesehen werden kann. Dies erschließt sich etwas genauer, wenn man Yoga eben nicht als Bewegungsmeditation, sondern als einen Bewusstseinszustand betrachtet.

Es ist das Ziel des Yoga, ein klares Bewusstsein, ähnlich dem buddhistisch geprägten ›Gewahrsein des Geistes‹, zu erlangen. Bewegung und Atemtechniken helfen, Energien fließen zu lassen, Körper und Geist zu einer Einheit zu verschmelzen und die Erreichung dieses Ziels damit zusätzlich zu begünstigen. Diese Gesamtsicht zeigt, dass es eben sehr viele Aspekte gibt, aus denen sich das ›Yoga‹ zusammensetzt. Es ist nicht die einfache Gymnastik einer abgewandelten Aerobic-Gruppe, die sich nach Feierabend trifft.

Das frühe Yoga bestand hauptsächlich aus Meditationsübungen, zu denen weitere Bestandteile, insbesondere jene der körperlichen Aktivität, zur Unterstützung der geistigen Übungen erst im Laufe der Zeit ergänzt wurden. Somit finden wir, wie in anderen Formen der Bewegungsmediation, Körperübungen vor, die der Vereinheitlichung von Körper und Geist, also einer ganzheitlichen Wahrnehmung förderlich sein sollen. Betonung finden hier die Atemübungen (Pranayama) als zentrale Technik, aber auch spezielle Formen der Atmung, die sich auf das Gewahrsein oder die Abschaltung einzelner Sinne beziehen. Was in diesem Kontext möglich ist, zeigen plakative Extrembeispiele diversester Yogi, die auf Nagelbrettern Platz nehmen, oder scheinbar unbegrenzt ohne Aufnahme von Nahrung auskommen. Schweben tut entgegen der seitens Hollywood verbreiteten Klischees dennoch keiner von ihnen. Weder zum ›stillen Örtchen‹, noch sonst wohin.

Wesentlich ist darüber hinaus, eine schriftliche Lehre, die den Praktizierenden begleitet und unter anderem in Form des bekannten Begriffs ›Sutra‹ niedergeschrieben wurde. Jene Sutren bezeichnen Verse, in denen die Lehren des Yogas einprägsam ›verpackt‹ werden. Hier ist ganz wesentlich, dass das kognitive Verständnis dieser Verse keinesfalls bedeutet, Klarheit des Geistes erlangen zu können. Stattdessen erschließt sich der volle Inhalt jener Schriften ebenfalls erst durch die eigene Erfahrung.

In der westlichen Welt ist mit dem Yoga allerdings etwas Ähnliches geschehen, wie ich es bereits beim Business Yoga erfahren musste: Die ursprüngliche Lehre wurde stark vereinfacht, beziehungsweise durch westliche Sichtweisen ergänzt. Das muss nicht im Grundsatz schlecht sein, stellt jedoch eine Veränderung dar, die hier erwähnenswert ist, wie ich denke. Wichtig ist im Bezug darauf das Wissen um diese Tatsache, um bei weiterem Interesse am Yoga hinter die Kulissen schauen zu können. Wer also an einem Kurs in seiner Nachbarschaft teilnimmt und sich in einem Gymnastik-Kurs fernab jeglicher Meditation wiederfindet, der sieht vielleicht den Hintergrund für diesen Umstand.

Dennoch ist ›im Westen‹ nicht alles schlecht, was die Lehre des Yoga betrifft. Es gibt sie noch, die Yoga-Lehrer, die sich auch noch für Meditation und deren Hintergründe interessieren. Einer dieser Menschen ist Karl Semelka, der nicht nur mich, sondern auch viele andere Menschen von Berufs wegen zu mehr Selbstwahrnehmung inspiriert. Er hat mir zudem sehr geholfen, einen ersten Eindruck von der Welt des Yoga zu gewinnen. Karl hat im Kontext seiner therapeutischen Arbeit in Donaueschingen das nbs-Konzept (natürlich bewusst sein) entwickelt, mit dem er beachtliche Erfolge erzielt. Zugrunde liegen diesen Erfolgen nicht zuletzt über dreißig Jahre Erfahrung im Yoga, sodass man hier wohl in der Tat von ›Selbsterfahrung‹ sprechen kann. Das hat sich bei unseren Gesprächen zum Thema in für mich eindrucksvoller Weise gezeigt. Ganz wesentlich hierbei ist, dass Karl viele Thesen angesprochen hat, wie ich sie mir bereits aus der Erfahrung heraus zurechtgelegt hatte. Ein sehr bestätigendes Gefühl, für das ich ihm sehr dankbar bin!

QiGong

Schon ganz zu Anfang meiner Meditationspraxis habe ich mich, damals noch auf der Suche nach Entspannung im Alltag, bei einem Dortmunder Institut zu einem QiGong-Kurs angemeldet. Abgesehen davon, dass ich dort den Altersdurchschnitt um gefühlte 20 Jahre gesenkt habe, war dieser erste Schritt in die Welt der Entspannungstechniken ein prägender für mich. Hier verstand ich erstmals den Zusammenhang zwischen körperlicher Bewegung und der Fokussierung des Geistes. Und ich begriff, dass dieser Zusammenhang nicht innerhalb eines Einsteigerkurses geknüpft werden kann, sondern ich mich zunächst einmal darauf zu fokussieren habe, Bewegungen und Gleichgewicht zu automatisieren. Es verhält sich eben wie meine späteren Erkenntnisse beim Yoga, die sich auch beim Aikido bestätigten: Zunächst müssen Grundlagen geschaffen werden, die neue Ausblicke offenbaren.

Das QiGong, wie wir es heute kennen, findet seinen Ursprung offenbar im bereits erwähnten Daoismus als Weg, die Einheit von Körper und Geist anzustreben. Mittels fließender Bewegungen in reduziertem Tempo, die sowohl sitzend, liegend, als auch stehend durchgeführt werden und die in Verbindung mit dazu passenden Atemtechniken gebracht werden können, soll diese Einheit begünstigt werden können. Hier wird nicht nur das eigene Bewusstsein für den Körper geschärft, auch die Gelenke, die

Wirbelsäule und die inneren Organe werden durch entsprechende Übungen gezielt angesprochen und aktiviert. Im Ergebnis steigt das allgemeine Wohlbefinden des Praktizierenden und die Körperhaltung wird verbessert.

Meiner Erfahrung nach bedingt, beziehungsweise fördert hier der eine Fortschritt den nächsten: Durch die Aktivierung einzelner Regionen des Körpers mit Bewegung und Atmung, lösen sich kaum wahrgenommene Verspannungen und fördern somit das Wohlbefinden. Dies wiederum wirkt sich auf die innere Haltung aus, die nachhaltig positiv beeinflusst wird. Und wie wir ja bereits im Kontext der psychosomatischen Medizin erfahren haben, nimmt die innere Einstellung direkten Einfluss auf den körperlichen Gesamtzustand: Das Immunsystem ist bei guter seelischer Konstitution durch die Ausschüttung entsprechender Botenstoffe im Hirn potenziell gestärkt, die Neigung zu Verspannungen nimmt ab. Wir haben es also beim QiGong keinesfalls mit eigensinnigen Bewegungen zu tun, die sich irgendwer einmal ausgedacht hat. Aus eigener Erfahrung heraus kann ich sagen: Dieses Tun macht hinsichtlich der Gesunderhaltung wirklich Sinn, sofern man es schafft, den Geist zur Ruhe zu bringen.

Es gibt allerdings einen Aspekt im QiGong der neu für mich war und dessen Bekanntheitsgrad wohl eher niedrig sein mag. Es ist das QiGong in Stille, auch Jing Gong, bei dem es weniger darum geht, keine Laute von sich zu geben. Das tun wir ja auch beim bisher beschriebenen QiGong nicht. Die ›Stille‹ bezeichnet an dieser Stelle eher die Reduktion von Bewegungen. Man verharrt in einer Position, sei es sitzend oder stehend, und fühlt in den Körper, versucht mit seiner Vorstellungskraft und dem eigenen Atem das Qi, also die Lebensenergie, in verschiedene Regionen des Körpers zu lenken und damit zu arbeiten.

Diese Art der Meditation ist jenen Techniken der Sitzmeditation und des aktiven Lenkens des Atems sehr ähnlich. Hier schließt sich wieder der Kreis. Die Zielsetzung ist die Erlangung innerer Gelassenheit und die Stärkung der Lebensenergie, was zu einer Steigerung der Selbstheilungskräfte führen soll. Es stellt sich mir hier, wie auch beim TaiChi die Frage, ob wir es mit einer situativen oder einer stetigen Art der Praxis zu tun haben. Ich neige dazu, sie in einen Bereich einzuordnen, der ein Mosaikstein einer grundlegend ›meditativen‹ Lebensführung darstellt, was wiederum nur ein erster Eindruck sein kann.

Tai Chi chuan

Tai Chi chuan, auch TaiChi genannt, ist dem QiGong in den Grundlagen ähnlich, findet es seinen Ursprung doch ebenfalls in den daoistisch geprägten Regionen, also insbesondere in China.

Hier finden wir ebenfalls fließende Bewegungen vor, wobei jene deutlich stärker an den Bereich der Kampkünste angelehnt sind. Dieser Umstand bringt es mit sich, dass neben der kontrollierten Atmung und den vom QiGong bekannten Vorteilen für Muskulatur, Wirbelsäule und Gelenke, die Koordination von linker und rechter Körperhälfte, sowie Ober- und Unterkörper in besonderem Maße gefördert werden, was es ein wenig komplexer und intensiver macht.

Wollte man es auf eine möglichst einfache Formel bringen, könnte man sagen, dass sich QiGong eher für den Einsteiger, TaiChi hingegen für den Fortgeschrittenen eignet, wenngleich ein TaiChi-Experte hier wohl eine Vielzahl weiterer Unterschiede nennen würde. In meiner Betrachtung möchte ich es jedoch bei dieser recht übersichtlichen Beschreibung belassen.

Andere Meditationsformen

Mantras und Rezitation

Das Mantra lässt sich nicht eindeutig, wie zunächst zu vermuten wäre, in die nicht-bewegungsbezogenen Meditationsformen einordnen. Es findet sich ebenfalls nicht ausschließlich in fernöstlichen Glaubensrichtungen wieder, auch wenn der aus dem Sanskrit (Indien) stammende Name dies vermuten ließe. Dieser setzt sich aus dem Wort für Geist (Sanskrit ›Manah‹) und dem Wort für Befreiung (Sanskrit ›Tra‹) zusammen, spiegelt also eine Technik zur ›Befreiung des Geistes‹ wider. Die Funktionsweise ist im Grundsatz recht schnell erklärt: Durch eine immer wiederkehrende, also rhythmische Abfolge von Lauten oder Gesängen soll der Geist zur Ruhe gebracht werden. Tatsächlich ist es erstaunlich, wie schnell dies funktioniert, schwingt sich doch auch – wie von Geisterhand – die Atemfrequenz auf diesen Takt ein.

Ich erwähnte, dass diese Form der Meditation nicht eindeutig jenen Meditationsformen zuzurechnen ist, die ohne Bewegung verlaufen. Weit verbreitet ist es nämlich, entsprechend rhythmische oder kreisende Bewegungen des Oberkörpers, passend zum Puls des Mantras einzuleiten. Die Körperhaltung scheint hierbei flexibel zu sein. In Bildern aus dem indischen Raum haben ich sowohl

Mantrapraxis in sitzender, wie auch stehender Haltung beobachtet. In Formen des Zen-Buddhismus finden sich Kombinationen aus Mantras und Gehmeditation und das Jesusgebet im Christentum weist durch stete Wiederholung ebenfalls Aspekte dieser Meditationsform auf.

Mich verwundert es nicht, denn diese Form der Meditation ist ideal für Einsteiger. Die Kombination aus Führung der Gedanken durch Rezitation, Bewegung und Schwingung der erzeugten Töne im Körper fokussiert uns sehr schnell auf unser Tun, ohne den klaren Geist zu trüben. Zumindest, wenn man eine gewisse anfängliche Scham sich selbst gegenüber erst einmal überwunden hat. Jedenfalls ist diese Form der Meditation für den durchschnittlichen Mitteleuropäer etwas ungewohnt, wenn nicht gar befremdlich. Sei es drum! Die Techno-Gemeinde praktiziert ja ganz ähnliche Formen der Einkehr, überschreitet hier allerdings oft die Grenze zur Trance. Oftmals geht es hier mit Unterstützung von diversen bewusstseinserweiternden oder -trübenden Substanzen nicht darum, einen klaren Geist anzustreben.

Wer jedoch schon einmal einen Geburtsvorbereitungskurs besucht hat, dem wird nicht ganz fremd sein, dass Töne, die wir selbst mit der Stimme erzeugen und die wir in verschiedenste Regionen unseres Körpers lenken, sehr großen Einfluss auf die Stimmung und unser Schmerzempfinden nehmen können. Sehr bekannt ist hier das klassische ›Om‹, dessen Schwingungen sich lenken lassen. Aber auch andere Laute und Tonhöhen sind wohltuend und werden im Yoga gar zur Heilung herangezogen, da sie auf bestimmte Organe wirken sollen. Hier ist also großer Raum für eigene Experimente mit jenen Dingen, die schlicht wohltun.

Mantras können gleichfalls in völliger Stille, also mit der ›geistigen Stimme‹ gesprochen werden. In dieser Form dienen sie dazu, den Geist zu fokussieren und alltägliche Gedanken beiseite zu lassen. Diese Form des Mantras ist möglicherweise ein guter Einstieg in diese Welt für den bereits erwähnten, durchschnittlichen Mitteleuropäer.

Ganz ähnlich funktionieren Rezitationen von Texten. Mehr oder minder rhythmisch werden hier Worte wiederholt, die sich vermutlich schlaue Menschen irgendwann einmal ausgedacht haben. Abseits vom Inhalt dieser Texte, fokussiert sich der Geist hier auf den Ablauf jener bekannten Laute, um alltägliche Gedanken hinter sich zu lassen. Wer sich hierunter auf Anhieb wenig vorstellen kann, denke einmal an das ›Vater unser‹ aus dem Gottesdienst: Hier ist der Inhalt zweitrangig, wenngleich er ja durchaus Sinn ergibt. Was jedoch passiert ist, dass alle ›Betenden‹ sich wie auf ein Kommando in Einkehr üben. Die Kehrseite der Rezitation ist, dass man ja zunächst einmal eine gewisse Lernkurve aufbieten muss, um einen solchen Text auswendig zu lernen. Noch dazu, wenn er in einer fremden Sprache verfasst wurde und etwas länger ist, als ein ›Vater unser‹. Über diesen Aufwand gerät die eigentliche Motivation oft in Vergessenheit und der Praktizierende widmet sich eher technischen, bzw. inhaltlichen Fragen.

Meditationsgruppen

Meine – Entschuldigung! – geilste und zeitgleich groteskesten Erfahrungen des Selbstexperiments liegt vermutlich in den Meditationsgruppen. Diese habe ich auch schon in Bezug auf die Gehmeditation und der Hierarchien in jenen Gruppen erwähnt. Wer mich ein wenig kennt, der weiß, dass Gruppen jeglicher Couleur ohnehin nicht mein Fall sind. Gerade in Bezug auf das mentale Training ist eben ein gewisses Vertrauen in die ›Sicherheit‹ der Umgebung erforderlich, was mir persönlich schwerfällt, sofern ich mich mit Menschen umgebe, die mir fremd sind. Das ist persönliches Gusto, Meditationsgruppen treiben diese Eigenheit meines Daseins jedoch auf die Spitze.

Wir führen uns einmal den Sinn einer Meditationsgruppe vor Augen: Hier finden sich Menschen ein, die für sich erkannt haben, dass sie den eigenen Geist trainieren wollen, ganz gleich welchen Zweck sie damit verbinden. Man sucht Gleichgesinnte, um Erfahrungen auszutauschen, eventuell auch, um sich mittels eines festen Termins zum ›Training‹ zu disziplinieren. Größtenteils hat man erkannt, dass es darum geht, die eigenen Erfahrungen zu machen, den eigenen Weg zu gehen, ja, oftmals distanziert man sich explizit von Kirchen und Religionen, denn man möchte ja autark zum Glück finden.

Was passiert, ist so sinnfrei, wie menschlich. So zumindest hat es auf mich gewirkt, ganz gleich in welcher dieser Gruppen ich teilnahm. Es scheint, als würde die Organisationsform einer Gruppe Menschen unweigerlich dazu zwingen, modische Trends zu entwickeln und Hierarchien zu bauen. Es scheint, als würde der Begriff des gemeinsamen Austauschs unweigerlich eine Art Wettbewerb lostreten. Hinsichtlich der modischen Trends, ist es ja noch zu verschmerzen, dass sich die Teilnehmer mit goldenem Blech behängen und möglichst indisch aussehende Leinengewänder tragen. Was aus der gruppendynamischen Perspektive jedoch geschieht, ist interessant, um es mal diplomatisch auszudrücken.

Nehmen wir beispielsweise diese Gruppe in einer Kleinstadt im Münsterland, die sich der Zen-Meditation verschrieben hatte. Ich erwähnte das Szenario bereits. Nicht nur auf den ersten Blick hatte ich es hier mit einer Ansammlung herzensguter Menschen zu tun, die mich sogleich und ohne Nasenrümpfen in ihre Mitte aufnahmen, während sie mir bereitwillig alles erklärten, was ich wissen wollte. Die gemeinsame Sitzmeditation, Gehmeditation... es schien genau das Richtige zu sein, um meine Praxis zu einem festen Termin im Alltag einzubauen, mich nicht verstecken zu müssen und Gleichgesinnte zu treffen, wären da nicht gewisse Einschränkungen. Ich erfuhr, dass es verschiedene Stufen der Meditationspraxis oder auch der Hierarchie innerhalb der Gruppe gab. Je höher man angesiedelt war, umso unanfechtbarer die jeweilige

Meinung. Auf die vorsichtige Frage, ob dies nicht der ursprünglichen Lehre widerspräche, bekam ich keine Antwort. Stattdessen entbrannte ein reger Austausch darüber, wer denn nun Meditationsprofi sei und wer nicht. Zeit für mich, einen kleinen Witz zu machen:

›Trifft ein Buddhist den Anderen und sagt: ›Ich bin viel erleuchteter als Du‹. Sagt der andere: ›Nein, ich bin es, der viel erleuchteter ist!‹ Wieder der Eine: ›Nein, ich!‹, der Andere ›Nein ich!‹

›Nein, ich!‹

›Nein, ich!‹

›Nein, ich!‹

›Nein, ich!‹

(...)‹, sagte ich.

Aus mir unerfindlichen Gründen kam dieser Witz allerdings nicht sehr gut an. Nichtmeditative Stille im Raum, ich als energetisches Zentrum bohrender Blicke. Ups.

Vermutlich hatte ich einen wunden Punkt getroffen und aufgezeigt, mit welcher Verbissenheit man sich der in der ursprünglichen buddhistischen Lehre beschriebenen

›Anhaftung‹ widmete, indem man einen Wettstreit darüber entbrennen ließ, wer nun welchen Grad der Weisheit erreicht hatte. Ich erwähnte, wie paradox mir dieser Wettstreit und damit auch diese Gruppe erschien. Mir und den anderen Teilnehmern war damit klar, weshalb ich in dieser Gruppe nicht richtig aufgehoben war, denn mein Wettstreit war dies nun wirklich nicht.

Mir ist bewusst, dass es diese Hierarchien auch im modernen Buddhismus gibt. Wie sonst sollte sich eine Weltreligion ›organisieren‹? Hier komme ich jedoch erneut zu einem wesentlichen Kritikpunkt, der mich der Glaubensgemeinschaften überdrüssig werden lässt. Auch wenn ich mich wiederhole: Immer dann, wenn sich Gruppen bilden, bedarf es der Führung und der Organisation. Diese Kriterien sind es, die die Gefahr bergen, die ursprüngliche Lehre zu verzerren, sie für die Organisation passend zu machen und ein Mindestmaß an Kontrolle über den Großteil der Teilnehmer auszuüben. Das ist nicht meine Welt. Meine Welt war es im Übrigen auch nicht, rituelle Texte zu rezitieren, von denen man mir weder sagen konnte, ob sie nun chinesischen oder japanischen Ursprungs waren, noch was sie über den groben Sinn hinaus bedeuteten. Man rezitierte um des Rezitierens Willen. Das mag im Hinblick dessen, was wir inzwischen über Mantras und Rezitation wissen, nicht komplett sinnfrei sein, reicht mir an dieser Stelle aber nicht aus. Blinder Gehorsam ist nicht mein Ding.

Meditationsgruppen sind eine wirklich gute Sache, da sie die regelmäßige Praxis fördern und einen Erfahrungsaustausch ermöglichen. Für mich sind wesentliche Aspekte jedoch die Größe und die Organisation. Je kleiner eine Gruppe ist, umso größer ist die Möglichkeit, keine Hierarchien und sinnfreien Rituale bilden zu müssen.

Wesentliche Erkenntnisse meiner Meditationspraxis

Es ist nun mehr als zwei Jahre her, seit ich aktiv damit begann, mich mit Achtsamkeit und Meditation auseinanderzusetzen. In dieser Zeit ist einiges mit mir geschehen und es ist scheinbar in Phasen verlaufen, die auch anderen ›Praktizierenden‹ nicht fremd sind, mit denen ich mich in dieser Zeit austauschen durfte. Ich weiß, dieser Prozess ist kein Weg, der ein festgeschriebenes Ende hat. Ich werde nicht irgendwann den schwarzen Gürtel der Meditation überreicht bekommen. Ich möchte dennoch zurückblicken, um meine Erfahrungen zu teilen und sie mir selbst noch einmal vor Augen zu führen. Ich möchte versuchen, Dinge, die teilweise gleichzeitig, iterativ oder sonst wie ineinander verworren waren, in einer strukturierten Form aufzuschreiben. Ich möchte jedoch erwähnen, dass das Beherrschen der von mir grob skizzierten Methoden keineswegs als ultimatives Ziel betrachtet werden sollte. Es ist lediglich ein winzig kleiner Einblick in eine Welt, die um ein vielfaches größer und in den einzelnen Techniken deutlich vielschichtiger ist, als ich sie je in einigen kurzen Kapiteln beschreiben könnte.

Auch dies ist eine Erkenntnis meines Selbstexperiments. Jene Skizzen sollen dazu dienen, eine Vorstellung dieser

Welt, einen ersten Einstieg oder zumindest die Motivation zum weiteren Erkunden zu vermitteln. Sie zeigen Richtungen auf, die man für sich selbst als interessant oder nicht befinden kann, um sich ihnen eigenständig zu widmen, oder eben nicht.

Findung und Festigung des ›Ich‹-Begriffs

Wie bereits geschildert, ist für mich der Anfang und damit der wesentlichste Teil auf dem Weg zur Meditationspraxis die Findung, beziehungsweise die Festigung des eigenen ›Ich‹-Begriffs. Das klingt zunächst einmal recht banal, denn schließlich bringt ja so ziemlich jeder etwas mit dem Begriff ›Ich‹ in Verbindung. Schaut man allerdings etwas genauer hin, so lohnt sich die Frage, was es im Einzelfall tatsächlich ist. Mir selbst wurde es bei einem Erlebnis klar, das ich als das ›Spiegelerlebnis‹ bezeichne. Über dieses Spiegelerlebnis habe ich bereits in meinem vorangegangenen Kliniktagebuch ›Burn-Out oder voll Banane?!‹ berichtet, als ich mir aus einem inneren Antrieb heraus die Zeit nahm, mir selbst vor dem Spiegel zehn Minuten in die Augen zu schauen. Zunächst, das gebe ich offen zu, war das sicherlich eine befremdliche Situation, die sich irgendwo zwischen albern und peinlich bewegte, obwohl ich ja allein im Raum war. Diese Situation hatte jedoch auch etwas Beängstigendes in sich. Es kostete mich Überwindung, mir selbst derart lang in die Augen zu sehen. Das was dann passierte, möchte ich an dieser Stelle noch einmal aufgreifen und zitiere den damaligen Eintrag meines Tagebuchs:

›Ich habe einfach erkannt, dass immer dann, wenn ich in den letzten Jahren über das ›Ich‹ gesprochen habe, genau von dem Menschen redete, der mich morgens im Spiegel anlächelt. Da sehe ich einen Mette, der mal Anzug trägt, mal einen Pulli anhat. Gern auch mal oben ohne, wenn er aus der Dusche kommt. Ich sehe einen Mette, der einen Job hat und Projekte leitet, der ein Haus gebaut hat, manchmal als Musiker auf einer Bühne steht. (...) Wenn sich dieser Mette für sein ›Ich‹, also für sich selbst, einmal was Gutes tun will, dann isst er etwas Leckeres, kauft sich etwas Schönes, oder bucht einen Urlaub. Das hatten wir ja schon. So weit so gut. Ich denke, dass das jeder soweit nachvollziehen kann.

Was ist das, was ich da sehe? In erster Linie sind es Äußerlichkeiten, Rollen, Verhaltensmuster und materielle Dinge, über die ich scheinbar mein ›Ich‹ definiere. Nun sei doch einmal die Frage erlaubt, ob das alles ist, woraus sich ein Mensch – ein Mette – wohl zusammensetzt. Ja, wir sind ganz sicher die Summe aus Erscheinung, gesellschaftlichen Normen und angeeigneten Verhaltensweisen. Wir bestehen aus den verschiedenen Facetten unseres Alltags und den daraus resultierenden Erfahrungen. Das scheint aber irgendwie nicht alles zu sein. Mir fehlt hier sogar etwas ganz Wesentliches, nämlich das sprichwörtliche Salz in der Suppe. Was ich meine, ist eine Komponente, die alle Zutaten miteinander verbindet und das Geschmackserlebnis zum runden Ganzen macht! Bei genauerem Hinsehen findet sich hier, wie ich glaube, das, was verschiedenste Kulturen seit Jahrtausenden als ›Seele‹, ›innere Mitte‹, ›energetisches Zentrum‹ oder wie auch immer bezeichnen.

Ich selbst kann mir dies vor Augen führen, indem ich mich noch einmal erinnere, wie der Begriff meines ›Ich‹'s aussah, als ich noch ein kleines Kind war. Wie war es wohl zur Zeit meiner ersten Erinnerungen, als etwa Dreijähriger? Die Anzahl von sozialen Rollen, bereits erlernter Verhaltensmuster und Normen oder materieller Güter, die ich hätte mein Eigentum nennen können, war noch schwindend gering, mein Spiegelbild in dieser sehr frühen, reichlich verschwommenen Erinnerung noch herzlichst egal.

Dennoch wusste ich schon in dieser Anfangszeit meines Lebens, dass ich existiere. Mehr noch, ich wusste, dass ich ein Individuum bin! Ich war mir klar, dass ich einen Willen habe und die Welt um mich herum entsprechend beeinflussen kann, wenn auch im kindlich begrenzten Umfang. Ich hatte den Willen zu leben, mich auszudrücken, zu entwickeln und die Welt, um mich herum, zu gestalten. Ich hatte bewusste Bedürfnisse. Ich glaube nicht daran, dass diese Eigenschaften reine genetisch gesteuerte Programme waren, kein ausschließlich triebhaftes Verhalten. Vielmehr hatte ich damals ein ausgeprägtes Bild meines ›Ich‹'s und wusste, was ich will. Und jenes ›Ich‹ war im Gegensatz zur heutigen Wahrnehmung deutlich reiner im Sinne äußerer Einflüsse. Es war weniger verwaschen, eher wie eine pure Substanz. Ich erinnere mich gut daran, wie das war und das ist ein sehr, sehr gutes Gefühl.‹

Rückblickend denke ich, dass dieses Spiegelerlebnis für mich persönlich wesentlich dafür war, den Zustand des Autopiloten-Modus zu beenden und zu einer wirklichen und bewussten Wahrnehmung des ›Ich‹s zurückzufinden. Für mich eine Art Startschuss in einen neuen Lebensabschnitt. Ich kann nicht beurteilen, ob andere Menschen in einem ähnlichen Szenario die gleichen Erkenntnisse erlangen. Ich ermutige jedoch jeden, einmal den Versuch zu wagen. Diese Erkenntnis hat mir den Weg in die Meditation erleichtert. Noch heute sage ich in meinem Innern ›Ich‹, zu mir selbst, um mich leichter auf meinen Geist fokussieren und in den Zustand der Meditation gelangen zu können. Ein simples Werkzeug, alltägliche Gedanken vorüberziehen zu lassen und den Blick ins Innere zu richten. Dieser Schritt des ›Sich-Gewahrseins‹ ist für mich der Wesentlichste auf meinem bisherigen Weg der Praxis und er hilft mir im Alltag. Vielleicht mag ›Erleuchtung‹ darin liegen, diesen ›Ich‹-Begriff mit dem Universum verschmelzen lassen zu können und ihn damit obsolet werden zu lassen, aber dafür muss man ihn ja schließlich erst einmal erlangen. Somit sollte dieser wichtige Meilenstein aus meiner Sicht nicht leichtfertig mit dem Gedanken ›Ich weiß ja wer ich bin und was ich will‹ abgetan, stattdessen mit entsprechender und dauerhafter Aufmerksamkeit belegt werden. Vielleicht ist die Suche nach diesem ›Ich‹ für den einen oder anderen eine deutlich längere Reise. Ein Hinweis bleibt: Länger währende Stille und Einsamkeit eröffnen manch neue Perspektive in dieser Hinsicht.

Die Angst vor dem ›Ich‹

Während das Spiegelerlebnis mir einen ersten, zu diesem Zeitpunkt etwas erschreckenden, Eindruck davon verschafft hat, dass meine innere Mitte tatsächlich existiert, ist mir dies im weiteren Verlauf und der immer intensiveren Beschäftigung mit dem Thema noch diverse Male in furchteinflößender und ebenso überraschender Weise begegnet. Ich war darauf nicht ansatzweise vorbereitet, weshalb es mich kalt erwischte. Übrigens ist dies eine Erfahrung, die auch andere Praktizierende an mich herangetragen haben, sodass davon auszugehen ist, dass dies ein wesentlicher Punkt auf dem Weg der mentalen Entwicklung ist, an den viele Menschen gelangen, die sich mit dem Thema der Selbsterfahrung auseinandersetzen. Konkret spricht man hier vom verlassen der sogenannten ›Komfortzone‹. Was das ist? Nun, diese Zone bezeichnet genau jene Art von Gedanken, die wir uns während der Meditation betrachten, die uns auch im Alltag geläufig sind. Sie stellen zunächst nichts Außergewöhnliches dar und es tut gut, sich in einem Zustand der Ruhe mit ihnen zu befassen, sie zu ordnen oder aus neuem Blickwinkel in Augenschein zu nehmen. Sie befinden sich eindeutig im für uns komfortablen Bereich des Daseins und eignen sich hervorragend dazu, erste Schritte hinsichtlich des Trainings unseres Geistes zu unternehmen. Man könnte sagen, dass sich hier das meiste auf der Ebene des ›Selbst‹ abspielt.

Mit zunehmender Praxis und damit sich ausweitender Selbstreflexion, wird der Geist während der Meditation jedoch dazu neigen, sich mit den unangenehmeren Dingen des Alltags und des ›Ich‹s auseinanderzusetzen. Das können unangenehme Situationen sein, die wir in jüngster Vergangenheit erlebt und die uns mehr berührt haben, als wir es zu diesem Zeitpunkt wahrnahmen, oder aber für uns unangenehme Dinge, die uns noch bevorstehen. Angst ist bei diesen Themen oft die vorherrschende Emotion. Es ist die Angst, die uns dazu tendieren lässt, uns im Alltag lieber nicht zu intensiv damit zu befassen. Während der Meditation können jene Dinge sozusagen aus einer Regieperspektive im ›HIER und JETZT‹ beinahe neutral betrachtet werden. Das ist eigentlich eine angenehme Sache, wäre da nicht der eher unschöne Umstand, dass man sich auch nach der Meditation oftmals weiterhin innerlich damit befasst. ›Es arbeitet in mir‹, ist eine oft gehörte Umschreibung dieses Zustands und insbesondere bei den unangenehmen Gedanken ist dies eine Situation, die die Stimmung stark trüben oder beängstigend gestalten kann. Hier befindet sich der Praktizierende aus meiner Sicht in einer Art ›Stresszone‹, oder zumindest in einem Bereich der Unruhe. Für mich habe ich an dieser Stelle den Begriff der ›Erstverschlechterung‹ gewählt, wie ich ihn aus dem Bereich der Medizin ebenfalls kenne. Der Gedanke dahinter ist, dass man beginnt, sich mit dem eigenen Dasein auseinanderzusetzen und relativ unerwartet auf anstrengende Aspekte dieser Disziplin stößt, die gar nicht die doch so schnell erwartete Gelassenheit ins eigene Leben bringen. Stattdessen scheinen sie zusätzlichen Unmut und Angst zu erzeugen, der einen bis in den Alltag begleitet und womit die Meditation vermeintlich die Gegenteilige Wirkung dessen erzielt, was man eigentlich bezwecken wollte. Und als wäre dies nicht genug, kann eine solche Phase durchaus mehrfach wiederkehren oder länger anhalten.

Nun ist es allerdings so, dass die meisten Menschen Erlebnisse oder Gedanken in sich tragen, die sie wirklich intensiv ängstigen, weshalb diese Bilder des Geistes eventuell über Jahrzehnte hinweg tief im Unterbewusstsein vergraben liegen. Das muss nicht immer ein traumatisches Erlebnis oder ein geradezu mörderisches Geheimnis sein. Es können auch Facetten der eigenen Persönlichkeit sein, denen man schlicht vor langer Zeit abgeschworen hat. Im Alltag hat die Verdrängung dieser Teile des eigenen Lebens immer sehr gut funktioniert. Man stürzte sich in berufliche Aufgaben oder in ein Hobby. Vielleicht entwickelte man Missmut gegenüber dem Umfeld, das vermeintlich verantwortlich für negative Erlebnisse verschiedenster Art in der Gegenwart sein sollte, deren Ursachen eigentlich in einem Selbst liegen. All das hilft dabei die Auseinandersetzung mit sich zu verdrängen. Die Psychologie spricht vor allem bei Borderline-Patienten in ähnlichem Kontext von ›Projektiver Identifikation‹. Hier geht es darum, Charaktereigenschaften auf andere Personen zu projizieren. Da dies ein Terminus ist, der nicht genau das trifft, was ich deutlich machen möchte, wähle ich den Begriff ›Projektive Entlastung‹. Ich nutze ihn für all die Dinge, die wir uns unbewusst ausdenken, um uns nicht mit unserem wahren Selbst befassen zu müssen. Eine Aktivität, die beängstigend sein kann:

Mit zunehmender Meditationspraxis wird die Wahrnehmung beginnen, diese längst vergessenen Dinge zu betrachten. Eventuell hat diese Betrachtung zunächst keinerlei dramatische Auswirkung, außer jenes ›Es arbeitet in mir‹, das uns schon aus der ›Stresszone‹ bekannt ist. Leider – oder auch glücklicherweise – kann auch das Gegenteil der Fall sein und der Praktizierende verfällt in eine Art Identitätskrise, geprägt von starken Emotionen und einer gewissen Orientierungslosigkeit und Verzweiflung in Bezug auf diesen Zustand. Wir befinden uns in einer Art ›Panikzone‹, in der plötzlich alles und nichts in Frage gestellt wird. Mal mehr, mal weniger. Einmal hält dieser Zustand Minuten oder Stunden an, mal erwischt er uns über Tage hinweg immer wieder kurz. Mich selbst hat er nach ausgiebiger Meditation in der Nacht heimgesucht: Ohne zu wissen warum, wachte ich adrenalindurchflutet mit Herzrasen und physischer Unruhe auf. Mich hatte die erste und bisher einzige Panikattacke meines Lebens heimgesucht, die noch dazu über einige Stunden anhielt. Erst nachdem ich mich diesem Zustand über lange Zeit mehr oder minder hilflos hingegeben hatte, kam mir plötzlich die einzig richtige Idee, wie ich damit umgehen konnte: Ich meditierte.

Ich tat, was ich in den Wochen zuvor gelernt hatte, sah mir meine eigene Panik aus der Regieperspektive an, was die

Situation nach und nach entspannte. Allmählich begann ich zu verstehen, was der Grund für meine Situation war und ich setzte mich aus eben jener Regieperspektive damit auseinander.

Diese auf den ersten Blick recht beängstigende und wenig erstrebenswerte Seite der Meditationspraxis hat etwas für sich. Ja, man mag es kaum glauben, aber das Durchleben dieser wirklich unschönen Situationen hat einen Sinn: Es sind diese Phasen, die uns lehren, dass das Verlassen der Komfortzone zunächst Angst und Panik in uns ausgelöst hat. Es waren exakt jene Emotionen, die uns unterbewusst dazu getrieben haben, die persönliche Komfortzone zu erschaffen und alles Unangenehme außerhalb dieses Bereiches zu ›lagern‹. Was wir durch das Durchleben dieser Phasen lernen, ist, dass wir mittels der Meditation jene Angst bewältigen und uns mit den Ursachen gefahrlos aus der Vogelperspektive heraus betrachten können. Mit zunehmender Praxis führt dies zu einer immensen Erweiterung der Komfortzone und des eigenen Horizonts. Durch jedes Verlassen wird es mehr. Vielleicht führt dieser Prozess dazu, dass es in ferner Zukunft keine Stress- und Panikzone mehr gibt. Ich weiß es nicht. Was ich jedoch weiß und selbst erfahren habe, war die mit Erweiterung der Komfortzone steigende Gelassenheit in meinem Leben. Ich habe keine Angst mehr vor der Angst und bin hierdurch in der Lage, im ganz alltäglichen Leben überfordernde Situationen neutraler zu betrachten und mit ihnen umzugehen. Es setzt also eine Art Habituation im Umgang mit Stressauslösern ein.

Wissenschaftlich kann ich mir als Laie diese Situationen lediglich mit einer Art ›Umstrukturierung‹ im Hirn erklären, die zu solchen Situationen der Desorientierung führen könnte. Sehr interessant ist dieses Phänomen zusätzlich, mit der Betrachtung des menschlichen Lernens. Der kanadische Psychologe Albert Banduras und seine Kollegen Ross & Ross haben ein ›Phasenmodell des Lernens‹ geprägt, welches mich stark an das Verlassen der Komfortzone im Verlauf der stetigen Meditationspraxis erinnert:

Nehmen wir an, wir wollten etwas neues Lernen. Sagen wir Schach! Zu Anfang ist hier die Motivation hoch, denn so schwer kann das ja nicht sein. Andere können Schach spielen, warum sollte es uns nicht möglich sein? Die grundlegenden Regeln scheinen simpel zu sein, dann werden wir den Rest sicherlich auch schnell verstehen können. Banduras spricht hier von der Phase der ›unbewussten Inkompetenz‹, schließlich wissen wir ja noch gar nicht, was wir bei dem Vorhaben noch so alles zu lernen haben. Auf die Meditation bezogen, könnte man dies mit der ersten und grundlegend erfolgreichen Phase der Entspannungsübungen vergleichen.

Dieser, noch geradezu wunderbare Zustand, wird sich nach Banduras jedoch bald ändern und zwar dann, wenn wir realisieren, wie komplex die über den grundlegenden Standard hinausgehenden Spielzüge im Schach doch sein können. Wir sehen uns nun plötzlich mit einer großen, möglicherweise zu großen Aufgabe konfrontiert, befinden uns in einer Phase der Desillusionierung, in der es besonders schwer ist, die Motivation aufrecht zu erhalten, da wir das Ausmaß dessen was wir NICHT wissen zu begreifen beginnen. Innerhalb des Modells wird diese Phase als ›bewusste Inkompetenz‹ bezeichnet.

Im Meditationsmodell befinden wir uns hier im Bereich der Stress- und Panikzone. Erfahrungsgemäß ist es dieser Punkt, an dem viele Praktizierende entscheiden, dass Meditation zwar ganz nett, aber irgendwie doch nicht das Richtige für sie sei.

Überwindet der angehende Schachspieler diese unangenehme Phase und macht Fortschritte, so tritt er laut Banduras in die Phase der ›bewussten Kompetenz‹ ein: Wir haben das grundlegende Regelwerk des Spiels begriffen, kennen ›Standardsituationen‹ und können mit bekannten Manövern auf diese reagieren, um die ersten Partien zu gewinnen. Wir kennen einen Pool an erlernten Methoden, mit dem wir sicher arbeiten können.

Diese Situation gibt es auch in der Meditationspraxis, nämlich dann, wenn wir die ersten Panik-Situationen überwunden haben und mit ähnlichen Erlebnissen umzugehen wissen. Wir fühlen uns erneut sicherer in unserem Tun.

Die letzte Phase des Lernens nach Banduras nennt sich ›unbewusste Kompetenz‹: Der Schachspieler entwickelt Souveränität im Spiel, schafft es, Erlerntes intuitiv einzusetzen und Spielzüge frei zu kombinieren. Ab hier ist es möglich innovativ zu sein, neues zu entwickeln.

In der Meditation erlangen wir auch eine gewisse Freiheit: Hat man erst einmal eine gewisse Meditations-Routine erlangt, so ist es recht einfach, sich in einen Zustand der Ruhe einzufinden. Dies geschieht dann, für Außenstehende ganz unbemerkt, in ganz alltäglichen Situationen. Die Wahrnehmung des Geistes integriert sich in das Tagtägliche und neue Wege der persönlichen geistigen Entwicklung tun sich auf. An dieser Stelle zeigt sich, dass der Weg der Meditationspraxis nicht gänzlich aus der Luft gegriffen sein kann. Vielmehr deckt er sich mit den grundlegenden Funktionsweisen unseres Hirns, wie die Psychologie sie erforscht. Zumindest lässt er sich hierauf projizieren.

Perspektiven

Wenn ich behaupte, dass mich die zunehmende Meditationspraxis in die Lage versetzt, beängstigenden Alltagssituationen gelassener zu begegnen, bedarf dies einer näheren Erläuterung. Was ist überhaupt diese Gelassenheit, von der da gesprochen wird? Und warum sollte eine völlig neue, beängstigende Situation im Leben plötzlich weniger furchteinflößend sein, obwohl ja noch gar nicht darüber meditiert wurde?

Der Schlüssel hierzu findet sich für mich in einigen Erläuterungen, die die buddhistische Lehre, aber auch die moderne Psychologie vermitteln. Diese ermöglichen es mir, eine für mich immer so wichtige Erklärung der natürlichen Funktion des eigenen Geistes zu finden. Wie so oft im Leben, kommt es eben auf die Perspektive an. Was klingt, wie eine abgenutzte Floskel, bekommt an dieser Stelle eine wichtige Bedeutung, wenn man es schafft, das kognitive Verständnis dieses Satzes wahrhaftig zu verinnerlichen und ihn fest in das eigene Dasein zu integrieren. Das muss nicht zwingend mit Hilfe der Meditation geschehen. Wichtig ist allerdings die Betrachtung einiger an diesem Punkt wesentlichen Begriffe, die mir persönlich so oft, wie einfach helfen, meine aktuelle Sichtweise einer Situation auch einmal anders zu betrachten.

Wahrheit und Wirklichkeit

In den meisten von Emotionen erfüllten Situationen des Alltags unterscheiden sich Wahrheit und Wirklichkeit gewaltig. Wahrheit und Wirklichkeit? Sind das nicht zwei Umschreibungen für ein und denselben Zustand? Nein, wir haben es hier nicht mit einem Synonym zu tun, erst recht nicht, wenn man es aus einer bestimmten ›Perspektive‹ betrachtet.

Stellen wir uns folgende Situation vor: Wir kommen nach einem harten Arbeitstag heim. Wir haben einen Bärenappetit, was uns dazu veranlasst hat, uns eine leckere Mahlzeit zu organisieren. Wer nun, rein hypothetisch, als männlicher Part in einer Beziehung familiärer Ausdehnung in antiquierter Rollenauslegung lebt, geht just in diesem Moment instinktiv in den Selbstbedienungsbereich ›Küche‹ und schaut, was der weibliche Part jener Partnerschaft familiärer Ausdehnung, in einem Anflug von Leichtsinn, ungesichert auf Lager gestellt hat. Und siehe da: Die Reste eines köstlichen Nudelauflaufs lächeln uns aus dem Kühlschrank an. Nicht gesund, ganz so wie diese antiquierte Rollenverteilung, aber dafür umso schmackhafter und vor allem praktisch! So weit ist das zumindest für mich ein sehr praxisbezogenes Beispiel, wenn man erst einmal diese hypothetische, politisch völlig inkorrekte und vermeintlich abstoßende traditionelle Sichtweise der Familie in die Theorie aufnehmen kann. Während wir also wenig später den dampfenden Teller auf dem Küchentisch platzieren, um uns über die auf uns wartenden Kalorien her zu machen, klingelt das Telefon. Am anderen Ende ist unsere bessere Hälfte in Form unseres Lebenspartners.

»Schatz, ich bin´s. Die politisch inkorrekte Person, die den Nudelauflauf in den Kühlschrank gestellt hat. Iss das Zeug bloß nicht. Jemand hat sich an unserem Kühlschrank zu schaffen gemacht, man will dich vergiften! Du erkennst es an einem leicht ›zitronigen‹ Geruch! Die Polizei ist bereits unterwegs zu dir, bleib wo du bist.«

Anruf beendet. Keine Möglichkeit Rückfragen zu stellen. Ja, das ist genau der Anruf, den der hungrige Bauch zu diesem Zeitpunkt braucht. Wenngleich dieses Konstrukt nicht nur aufgrund der traditionellen Rollenverteilung etwas abwegig erscheint, stellt sich plötzlich dieser hungrige Bauch fortan ganz anders dar, denn so hungrig ist er gar nicht mehr. Im Gegenteil! Appetit ist nun zweitrangig. Stattdessen wandert die Nase über den dampfenden Teller. Vermutlich wird sie sogar einen Duft wahrnehmen, der ›zitronig‹ ist. Wer zum Henker will uns vergiften? Wer hat es auf uns abgesehen? Wem haben wir etwas getan? Was wäre passiert, wenn der Anruf nur ein wenig später gekommen wäre? Wann ist die Polizei da und was passiert dann? Ja, das ist es: Es muss die Putzhilfe gewesen sein, mit der wir noch in der letzten Woche darüber streiten mussten, wie zuverlässig und pünktlich sie ist. Diese hinterlistige Schlange! Die wird schneller hinter schwedischen Gardinen verschwinden, als sie denkt! Wie schützen wir uns derweil vor weiteren Anschlägen? Gibt es weitere Fallen im Haus? Und so weiter, und so weiter...

Unsere Welt steht Kopf. Unsere WAHRHEIT, die Wahrnehmung der Welt, hat sich augenblicklich verschoben. Was eben noch eine köstliche Mahlzeit in friedlicher Atmosphäre war, ist nun der Beleg dafür, dass wir uns in Gefahr befinden.

Natürlich kommt wenig später unser Lebenspartner traditioneller Rollenverteilung lächelnd zur Tür hinein. Es war alles nur ein Scherz und wir wurden die ganze Zeit über durch das Küchenfenster beobachtet. Es gibt kein Gift, keinen ›zitronigen‹ Duft und ebenfalls niemanden, der es auf uns abgesehen hat. Wir sind schlicht einem Streich auf den Leim gegangen. Die WIRKLICHKEIT ist also eine völlig andere, als jene die wir aufgrund der Eindrücke zu unserer WAHRHEIT oder Wahrnehmung gemacht haben.

Der Appetit ist trotzdem verschwunden. Das schlechte Gefühl hallt nach, das Adrenalin rauscht noch immer durch die Adern. Nudelauflauf wird in den kommenden Wochen vielleicht nicht mehr unsere präferierte Mahlzeit sein und die Putzhilfe – obwohl sie nicht mal Teil des Streiches war – gehört irgendwie nicht zu unseren Lieblingsmenschen, sei sie nun pünktlich oder nicht. Wir verbinden noch immer dieses bedrohliche Gefühl der Angst mit dieser Situation. Und irgendwie glauben wir immer wieder, dass der nächste Nudelauflauf ›zitronig‹ riecht.

Dieses einfache und überzeichnete Beispiel steht für viele Alltagssituationen, in denen unsere Vorstellung schneller Szenarien strickt, als wir überhaupt die wirklichen Fakten in Augenschein genommen haben. Das ist ein natürlicher Prozess, wenn wohl die wenigsten einem solch simplen Streich aufsitzen würden. Unsere Wahrheit wird also maßgeblich durch uns selbst, unsere Emotionen, Erfahrungen und Eindrücke, durch das individuelle ›Kopfkino‹ gestaltet. Hier sprechen wir von Autosuggestion, allerdings im eher unpraktischen Sinne. Emotionen und Kopfkino sprechen nicht immer die Wahrheit und so kann sich die Wirklichkeit deutlich von dieser Wahrnehmung unterscheiden. Und das gilt ebenfalls für ganz banale Alltagssituationen oder Mikrokonflikte mit anderen Personen, in denen wir uns ausmalen, was andere Menschen eventuell von uns denken oder von uns erwarten. Das Denken befasst sich in einer Weise mit dem ›Außen‹, die man wohl als voreilig bezeichnen könnte. Es lohnt sich also, sich stets die Frage zu stellen, was wirklich geschieht und an welcher Stelle man frei zu interpretieren beginnt. Gestützt wird dieses Phänomen unter anderem von den psychologischen Erkenntnissen zur Risikowahrnehmung. Hiernach neigt der Mensch beispielsweise dazu, sehr unwahrscheinliche Risiken zu über-, sehr wahrscheinliche Risiken jedoch zu unterschätzen. Neben einigen, sehr interessanten weiteren Grundsätzen dieser Fasson, sticht einer in unserem Kontext besonders hervor: Legt man ein negativ behaftetes Risiko neben eine Chance, ohne dabei eindeutig verteilte Eintrittswahrscheinlichkeiten abschätzbar zu machen, so wird das Risiko vom Hirn schwerer gewichtet, als die Chance. Man spricht hier von ›systematischen Verzerrungen‹ der Wahrnehmung. Diesen Effekt kennen die meisten von uns und insbesondere Versicherungsmakler machen ihn sich zunutze, aber ist dieses Wissen uns im alltäglichen Leben präsent? Die Besinnung darauf lässt sich trainieren, um auf diese Weise Situationen aus einer anderen, unaufgeregteren Perspektive betrachten zu können. Ein weiterer Schritt zur Gelassenheit.

Natürlich gibt es auch Situationen, in denen sich keine eindeutige Zuordnung machen lassen. So ist die Wahrheit des Optimisten die, ein halbvolles Glas vor sich zu sehen. Der Pessimist sieht es als halbleer an. Beide Wahrheiten entsprechen der Wirklichkeit. Ich behaupte jedoch, dass der Optimist, mehr Genuss beim Trinken des verbleibenden Rests des Getränks empfinden wird.

Grundsätzlich ist die fünfminütige Rekapitulation des erlebten Tages eine Technik, die mir dabei hilft, solche Situationen für mich zu erkennen, manchmal auch aufzulösen. Bevor ich zu Bett gehe, durchlebe ich in aller Stille die wichtigsten Wegpunkte des Tages vor meinem geistigen Auge rückwärts. Hierbei gebe ich acht darauf, nicht zu lang an einem Ereignis zu verweilen, nicht mit negativen Dingen zu hadern. Vielmehr schaue ich darauf, mache mir klar wie und warum ich in einer Situation reagierte, wie ich es tat. Ich bewerte meine Reaktion weder mit Stolz, noch mit Argwohn.

Was wie automatisch mit zunehmender Übung passiert, ist die Verstärkung der Regie-Perspektive auf ›Live-Alltag‹-Begebenheiten. Es entwickelt sich wie von selbst ein reflektierter, gelassenerer Blick auf sich selbst und das Umfeld. Das funktioniert bei mir persönlich manchmal sehr gut, ab und an weniger gut.

Die Ansätze von Wahrheit und Wirklichkeit sind keine Erfindungen, die soeben in meinem Kopf entstanden wären. Im Gegenteil. Sie sind in der buddhistischen Lehre und in der Psychologie gleichfalls wohlbekannt. Sehr plakativ hat diese Zusammenhänge der Kommunikationswissenschaftler, Psychotherapeut und Soziologe Prof. Dr. Paul Watzlawik in einer bekannten Kurzgeschichte im Buch ›Anleitung zum unglücklich sein‹ dargestellt. Diese möchte ich hier erwähnen, da sie in Bezug auf unsere Begriffe des ›Kopfkinos‹ und der ›systemischen Verzerrung‹ schlicht ›augenöffnend‹ wirkt:

›Ein Mann will ein Bild aufhängen. Den Nagel hat er, nicht aber den Hammer. Der Nachbar hat einen. Also beschließt unser Mann, hinüberzugehen und ihn auszuborgen. Doch da kommt ihm ein Zweifel: Was, wenn der Nachbar mir den Hammer nicht leihen will? Gestern schon grüßte er mich nur so flüchtig. Vielleicht war er in Eile. Vielleicht hat er die Eile nur vorgeschützt, und er hat was gegen mich. Und was? Ich habe ihm nichts getan; der bildet sich da etwas ein. Wenn jemand von mir ein Werkzeug borgen wollte, ich gäbe es ihm sofort. Und warum er nicht? Wie kann man einem Mitmenschen einen so einfachen Gefallen abschlagen? Leute wie dieser Kerl vergiften einem das Leben. Und dann bildet er sich noch ein, ich sei auf ihn angewiesen. Bloß weil er einen Hammer hat. Jetzt reicht´s mir wirklich. Und so stürmt er hinüber, läutet, der Nachbar öffnet, doch bevor er "Guten Tag" sagen kann, schreit ihn unser Mann an: "Behalten Sie Ihren Hammer".‹

Gelassenheit

Wenn wir über Meditation sprechen, sprechen wir erstaunlicher Weise meist über ›Gelassenheit‹. Die Gelassenheit als großes (erstes) Ziel unseres Tuns. Dabei ist uns häufig nicht einmal klar, was diese Gelassenheit überhaupt sein soll. Bedeutet sie, dass wir mit ausreichender Meditationspraxis künftig selbst in der Achterbahn leise lächelnd und die Fingernägel feilend die Fahrt genießen? Werden wir sogar in der Lage sein, die nächste Staffel von ›Schwiegertochter gesucht‹ ohne Fremdschamröte, auf der heimischen Couch zu ertragen? Die Antwort ist: Vielleicht. Oder auch nicht. Vielleicht bringen wir künftig ja die Weisheit auf, uns gewissen TV-Ereignissen einfach nicht mehr hinzugeben.

Zunächst sollten wir uns aber vor Augen führen: Gelassenheit ist nicht gleichzusetzten mit ›Gleichgültigkeit‹. Es ist ein Unterschied, ob ich einer Situation mit einer adäquaten Ruhe begegne, oder ob sie mir egal ist. Brennt das Fett in der Pfanne, macht es auf alle Fälle Sinn, besonnen zu reagieren und die Flamme zu ersticken, als zu versuchen sie in Panik mit Wasser zu löschen und damit noch größeren Schaden anzurichten. Wir halten also abermals fest: Gelassenheit unterscheidet sich von Gleichgültigkeit. Ich mache diesen Umstand bewusst klar, denn beide Begriffe sind mir in den letzten Monaten häufig begegnet und von vielen Gesprächspartnern untrennbar miteinander verzahnt worden.

Was diese Gelassenheit aber nun eigentlich bedeutet, erklärt diese Abgrenzung nicht. Erst kürzlich ist mir in einem Gespräch jedoch ein Bild dargelegt worden, das mich auf einen gedanklichen Pfad geführt hat. Es beschäftigt sich mit dem Empfinden von Glück. Was Glück nun mit Gelassenheit zu tun haben soll, erschließt sich in Kürze. Wir wenden uns also zunächst dem Empfinden von Glück zu: Entsprechend dem Bild, das mir erklärt wurde, sucht der Mensch stetig Glück zu erlangen. Gemäß meinem Denkmodell tut er dies im ›Außen‹, in materiellen Dingen oder aber in Anerkennung von außen. Menschen empfinden Glück, wenn sie einen Lotteriegewinn ihr eigen nennen können, oder wenn ihr Chef sie lobt. Leider hat besagtes Glück nämlich die unschöne Angewohnheit, nicht von Dauer zu sein. Haben wir viel Geld, so wird uns das nicht dauerhaft glücklich machen. Auch das Lob des Chefs entfaltet irgendwann nicht mehr die ursprüngliche Wirkung. Ein Gewöhnungseffekt tritt ein, der uns dazu drängt, mehr Glück empfinden zu wollen und nach weiteren materiellen oder nicht-materiellen Dingen im

Außen zu trachten. Ein immerwährender, energiezehrender Kreislauf auf der Suche nach Glück.

Etwas anders verhält es sich, wenn wir es schaffen, das Gefühl von Glück in uns selbst, also im ›Ich‹ zu generieren und zu empfinden. Das Bild spricht hier von der Glückseligkeit. Im Gegensatz zum Glück, sei diese jedoch ein stetiger, fortwährender Zustand, der nicht der ›Fütterung‹ von außen bedarf. Man könnte von tiefer ›Zufriedenheit‹ sprechen.

Und nun kommt der letzte Schritt in der Kette, mit dem wir zum Begriff der Gelassenheit zurückkehren: Was passiert, wenn wir mir nichts, dir nichts den Begriff ›Glückseligkeit‹ oder ›Zufriedenheit‹ mit dem Begriff ›Gelassenheit‹ gleichsetzen und einfach annehmen, dass es sich um Übersetzungspannen handelt, die sich auf irgendeine Weise in diese vermutlich jahrtausendealten Sichtweisen eingeschlichen haben? Sollte diese, zugegebenermaßen absolut spekulative Idee, die hier meinen Hirnwindungen entspringt in irgendeiner Form Sinn in sich tragen, so könnten wir die ›Gelassenheit‹, die wir mittels der Meditation unter anderem anstreben, ebenfalls als ›Zufriedenheit‹ betiteln. Dies ist der Punkt, der sich mit meiner ganz persönlichen Erfahrung deckt:

Die fortlaufende Meditationspraxis lässt auf unerfindliche Weise ein Gefühl der Zufriedenheit, der Ruhe und Gelassenheit in mich einkehren. Es begleitet mich mehr und mehr im Alltag und befähigt mich immer häufiger dazu, die Dinge buchstäblich ›gelassener‹ und ›positiver‹ zu sehen. Es scheint, als wäre es gar nicht mehr notwendig, hektisch oder aufbrausend zu reagieren, denn meine eigene Zufriedenheit wirkt wie eine Art Schutzschild gegen Einflüsse von außen. Erblickt ein zufriedener Mensch ein Problem aus der Vogelperspektive, so wird er damit entspannter umgehen können, als ein verbissener Mensch aus der Sicht der Ich-Perspektive.

Die Gefahr echter und unechter Gelassenheit

Ich erwähnte bereits, dass ›Gelassenheit‹ nicht mit ›Gleichgültigkeit‹ gleichzusetzen ist. Die Herleitung der ›Zufriedenheit‹ aus dem Begriff ›Gelassenheit‹, birgt jedoch noch einen weiteren Aspekt, ja, eine Gefahr, die ich aus meiner eigenen Erfahrung damit verbinde: Diese kann man sich selbst vorgaukeln.

Nachdem ich erste Erfahrungen mit der Meditation gesammelt hatte, kam es für mich zunächst überhaupt nicht in Frage, keinen Mehrwert aus meinem Tun generiert zu haben. Ich wusste: Eines der Ziele war es, mehr Gelassenheit in meinen Alltag einkehren zu lassen und das tat ich auch. Wie besessen bemühte ich mich fortan, Dingen die mich alltäglich umtrieben, demonstrativ gelassen gegenüberzutreten. Und siehe da: Es gelang! Vieles von dem, was ich tat, funktionierte sogar deutlich besser, denn ich handelte ja nun ›langsamer‹ und ›bedachter‹. Prinzipiell hatte ich also einen guten Schritt in die richtige Richtung unternommen.

Was ich zu diesem Zeitpunkt nicht wahrnahm war, dass ich gewisse aufbrausende Emotionen und Reaktionen nur unterdrückte, und sie in andere Regionen meines Daseins verlagerte. So zwang ich mich beispielsweise, dem sich vordrängelnden Opa an der Supermarktkasse nicht den Hals umzudrehen. Das war ja durchaus positiv im Sinne des Universums zu werten. Was ich im Gegenzug jedoch Tat, war, meinen Ärger über diese Opa-Unverschämtheit im Inneren gefangen zu halten, wo er sich sammelte, um dort zu einem mächtigen Berg anzuwachsen, der sich irgendwann unkontrolliert entlud. Schließlich hatte ich lang genug trainiert, nach ›außen‹ gelassen zu sein. Die Folge dieser Entwicklung war, dass es mir schwerer und schwerer fiel, während der Meditation zur Ruhe zu finden. Verbissenheit und Druck machten sich erneut in mir breit, bis ich irgendwann erkannte, dass ich mich selbst betrog. Meine Erkenntnis lag darin, dass Gelassenheit nicht bedeutet, sich niemals zu ärgern, oder emotionslos zu sein. Im Gegenteil: Sie bedeutet, Emotionen geschehen zu lassen und sie im übertragenen Sinne mit einem herzlichen Lächeln willkommen zu heißen, ganz gleich ob sie negativ oder positiv sind. Es gilt, jenen Emotionen angemessene Aufmerksamkeit zu schenken und wohlwollend aus der Regie-Perspektive betrachten zu können, wie sie kommen und verschwinden, ohne sich von ihnen ängstigen zu lassen.

Was hierzu im Hinblick auf mein Modell von ›Ich‹, ›Selbst‹ und ›Geist‹ bei mir geschehen musste, war, die Barriere zwischen ›Ich‹ und ›Selbst‹ aufzubrechen und beide Ebenen als Einheit, also als Bestandteil des ›Geistes‹ zu begreifen.

Gelassenheit bedeutet NICHT Gleichgültigkeit und auch NICHT Emotionslosigkeit. Es ist für mich Ausdruck einer tiefen Zufriedenheit, herbeigeführt und trainiert mit Meditation, die mich dazu befähigt, gefestigt in mir selbst, besonnen mit den Hochs und Tiefs des Lebens umzugehen.

Mitgefühl

Ganz ähnlich verhält es sich mit dem Begriff ›Mitgefühl‹ oder ›Compassion‹. Liest man Texte zum Thema Meditation oder lauscht den Vorträgen buddhistischer, christlicher oder sonst wie religiös motivierter Menschen, fällt auf, dass es oftmals um die Entwicklung von Mitgefühl gegenüber anderen Wesen geht. Dies ist sogar ein ganz zentraler Aspekt, insbesondere im Buddhismus. Nun neigen wir, ähnlich der Gelassenheit und Gleichgültigkeit, dazu, ›Mitgefühl‹ mit ›Mitleid‹ gleichzusetzen. Aber auch hier bin ich der Meinung, dass dieser Sichtweise ein fataler Irrtum innewohnt. Dem Begriff ›Mitleid‹ haftet im Gegensatz zum ›Mitgefühl‹ eher etwas Negatives an. Zumindest besteht ein Unterschied zwischen den Aussagen ›Ich leide mit Dir‹ oder ›Ich fühle mit Dir‹, nicht wahr?

Deutlicher wird dieser qualitative Unterschied dann, wenn man sich den Kontext betrachtet, in dem ›Compassion‹ oder ›Mitgefühl‹ ständig Erwähnung findet: Hier geht es – zumindest in den buddhistisch geprägten Vorträgen – darum, die Verbindung aller Lebewesen zu erfahren. Es wird angestrebt zu empfinden, dass alles mit allem verbunden ist. Somit wären logischer Weise die Errungenschaften anderer, so wie das Leid auch immer Teil von uns selbst, genauso, wie das eigene Verhalten stets Bezug auf alles andere nimmt. Noch klarer wird es, wenn wir uns etwas später einigen Grundannahmen des Buddhismus widmen. An dieser Stelle lässt sich kurz und prägnant sagen: Mitgefühl macht glücklich, wirkt sich ebenso positiv auf das Umfeld aus, was wiederum uns beeinflusst. Ein Zirkelbezug also, denn alles soll ja verbunden sein. Allerdings sollten wir Vorsicht walten lassen, was diese positive Interpretation des Mitgefühls betrifft. So kann es meines Erachtens kaum der richtige Weg sein, einem Aggressor mit derart viel ›Mitgefühl‹ gegenübertreten zu wollen, dass er tun und lassen kann, was er möchte. Dies hätte beinahe selbstzerstörerische Auswirkungen, möchte ich meinen. Nein, Mitgefühl bedeutet in diesem Kontext, jedem Aggressor so viel Respekt entgegenzubringen, sich in dessen Lage zu versetzen, seine Intention zu verstehen zu versuchen, eine daraus adäquate und wohlwollende Maßnahmen ableiten zu können, statt blind die uns entgegengebrachte Aggression zu erwidern. Mitgefühl zu beweisen bedeutet also nicht, in blinde Passivität und Gehorsam zu verfallen.

Das bringt mich abermals zu der These, dass wir es bei der Begrifflichkeit des Mitgefühls mit einem Übersetzungsproblem zu tun haben könnten. Für mich ersetze ich den Begriff ›Mitgefühl‹ durch den Begriff ›Empathie‹, also der Fähigkeit, Empfindungen und Gedanken anderer zu verstehen, sich in sie hineinversetzen zu können. Blicke ich aus dieser Perspektive auf die beschriebenen Zusammenhänge, ergeben sie für mich mehr Sinn. Ich soll also gar nicht mit anderen ›leiden‹ oder ihnen ›blind folgen‹. Vielmehr soll ich ihnen Aufmerksamkeit und Verständnis entgegenbringen. Und ja, die praktische Anwendung dieser Sichtweise zeigt mir im Alltag: Je mehr Empathie ich aufzubringen lerne, umso zufriedener macht sie mich und umso mehr Verständnis wird mir ebenfalls entgegengebracht. Dies funktioniert, mal mehr, mal weniger. Aber ich bemerke, wie ›Gelassenheit‹ und ›Mitgefühl‹ zusammenhängen und sich gegenseitig positiv beeinflussen.

Betrachten, ohne zu Werten

Während der Meditation ist es die Übung, die zu Anfang die Schwierigste ist: Das Betrachten der eigenen Gedanken, ohne sie zu werten. Eine noch größere Herausforderung ist es, das Verhalten anderer im Alltag zu betrachten, ohne sogleich eine Wertung anzustellen. Für mich findet sich hier sozusagen die Schnittstelle, an der sich Gelassenheit und Mitgefühl begegnen. Mitgefühl, kann man auch für sich selbst und die eigenen Emotionen aufbringen.

Um diese Begrifflichkeiten mit Leben zu füllen, wird nun das wichtig, was wir bereits während der ersten Achtsamkeitsübungen trainiert haben: Die Selbstwahrnehmung. In dem ersten Schritt lernt man also, sich selbst zu beobachten. Wie geht es mir gerade? Was nehme ich physisch wahr? Welche Emotionen befinden sich in mir? Allein diese Fragestellungen beinhalten eine gewisse ›neutrale Sicht‹, eine Art Regie-Perspektive, aus der wir auf und in uns selbst blicken. Diese erlaubt es uns, Emotionen zu betrachten, ohne jedoch von ihnen gesteuert zu werden. Es wird eine neue ›Beobachter-Ebene‹ in die Selbstwahrnehmung implementiert. Bezogen auf mein ›Ich–Selbst–Geist‹-Modell, stelle ich mir damit vor, mein ›Ich‹, sozusagen die Seele, betrachtete mein ›Selbst‹, also jenen Teil, der von Alltag und äußeren Einflüssen geprägt ist.

Die Aktivierung und Aufrechterhaltung dieser Perspektive funktioniert zu Anfang, aber auch mittelfristig nicht immer. Einem Gedanken, der mir während der Meditation in den Kopf gekommen war gefolgt zu sein, ärgerte mich anfangs sehr. Es war ein Gefühl des ›schwach seins‹ oder des ›Kontrollverlusts‹. Ich ärgerte mich, nicht in der Perspektive des ›Ich‹s verweilen zu können, um dort Regie zu führen. Und dieser Ärger wiederum entfernte mich noch weiter von diesem angestrebten Zustand. Ich fand zunächst keinerlei

Weg, wie ich diesem Problem an den Kragen hätte gehen können.

Yongey Mingyur Rinpoche brachte hier für mich die Wende: Er machte in einem Internetvideo genau auf dieses Problem aufmerksam und die Lösung ist einfacher als gedacht! Der simple Trick besteht im Wechsel der Sicht. Passiert es uns also mal wieder, dass wir während der Meditation abschweifen und einem Gedanken folgen, der uns zu einem weiteren Gedanken führt und dieser abermals zu einem weiteren, bis sich diese Kette verselbstständigt, sollten wir uns nicht ärgern. Viel wichtiger ist die Tatsache, dass wir uns überhaupt beim Abschweifen ›erwischt‹ haben, denn genau diese ist ein Anlass zur Freude! Gerade da hat nämlich wieder die Regie-Perspektive übernommen und das ist der wesentliche Erfolg. Laut Yongey Mingyur Rinpoche tut der Geist in solchen Momenten, was er tun muss. Es ist sozusagen sein ›Job‹ zu denken. Es ist nicht möglich oder notwendig, ihn zum Schweigen zu bringen. Die Ergänzung der Fähigkeit, dieses Denken zu beobachten, ist der ausschlaggebende Punkt. Erwischen wir uns also dabei, dass die Gedanken mit uns spazieren gegangen sind, ist dies exakt der Augenblick, in dem diese Kette unterbrochen wird. Bei vielen Menschen passiert dies nicht.

Ganz gleich, wie oft der ›Erwischt-Effekt‹ mir fortan begegnete: Ich konnte ihn mit einem wohlwollenden Lächeln entgegensehen.

Ich erwähnte es bereits: Yongey Mingyur Rinpoche führt diese Erkenntnis noch weiter und überträgt sie auf die Frage, wann Meditation eigentlich echt ist. Somit wäre schon allein die Absicht, sich mit dem Training des Geistes zu befassen, ein Wechsel in die Regie-Perspektive und damit der Anfang der Meditation. Diese Erkenntnis werden wir später nochmals beim Thema ›Meditation im Alltag‹ verwenden können!

Unterstützung durch Literatur usw.

Wie wir sehen, ist also die Internalisierung einiger neuer Perspektiven sehr förderlich, während man sich mit dem Thema Meditation auseinandersetzt. Mir selbst helfen dabei einige Dinge, die ich im Alltag integrierte. Für mich ging es insbesondere anfangs darum, mich in eine bestimmte geistige Haltung, eine gewisse Offenheit zu versetzen. Sehr gut gelang mir dies, indem ich themenbezogene Bücher las, die mir ein immer breiteres Verständnis gaben und mich zum eigenständigen Nachdenken anregten. Sei es das Thema Buddhismus, ganz wissenschaftliche Literatur zur Hirnforschung oder verwandten Themen.

In Bezug auf die Meditation konnte ich mich in gewisser Weise konditionieren, um in der ersten Phase besser zur Ruhe zu finden. So habe ich beispielsweise das Geräusch einer Klangschale oder aber die Figur eines Buddha stets als beruhigend empfunden. Das habe ich mir zunutze gemacht, indem ich jene Utensilien stets in der Nähe hatte, wenn ich zu meditieren begann. Der Effekt kehrte sich irgendwann um: Immer wenn ich jede Gegenstände in meine Nähe hole, scheint sich mein Hirn wie automatisch in eine Art Ruhemodus zu begeben, der es mir erlaubt, sehr gut in die meditative Phase einzukehren. Plötzlich wird es für mich nachvollziehbar, warum sich im religiösen Kontext über die Jahrhunderte so manches Ritual, Räucherstäbchen oder Gong etabliert hat. Neben der sicherlich tieferen geschichtlichen Bedeutung, taugen sie ebenfalls dazu, bestimmte Stimmungen oder mentale Zustände zu fördern.

Natürlich ist es völlig unerheblich, ob und welche Gegenstände dem Einzelnen helfen. Hier sei lediglich der Hinweis gegeben, dass es möglich ist, sich kleine Helferlein in den Meditationsalltag einzubauen, die das eigene Hirn ›konditionieren‹ und die tägliche Praxis erleichtern können, ohne jedoch gleich auf einen religiösen Hintergrund angewiesen zu sein.

Wie Meditationspraxis meinen Alltag verändert

Westlicher Lebensstil

Wie lässt sich Meditation in den Alltag integrieren? Für viele, die mit der Meditation oder dem Achtsamkeitstraining begonnen haben, ist dies eine wesentliche Frage. Die schlechte Nachricht ist: Es ist nicht so leicht. Die Gute: Es ist nicht unmöglich, wenn man die Grundlagen erst einmal ›automatisiert‹ hat.

Warum regelmäßige Praxis im Alltag nicht ganz einfach zu realisieren ist, ist in allen Kulturen gleich: Es gibt zu viele weltliche Verpflichtungen, wie die tägliche Arbeit und das Familienleben, die uns daran hindern, die erforderliche Zeit und Disziplin aufzubringen. Es wäre natürlich möglich, sich ins Kloster zu begeben und unser Dasein diesem Ziel zu widmen... Aber das hatten wir ja bereits ausgeschlossen. Grundsätzlich ist es wie mit dem Sport, der Pflege eines Tagebuchs oder dem Gebet: Einer regelmäßige Aktivität mit entsprechender Aufmerksamkeit nachzugehen, erfordert eben ein gewisses Maß an Hingabe und Disziplin.

Hier endet die Problematik dennoch nicht. Diese Aufgabe ist facettenreicher. Eigentlich fängt sie mit der Erziehung unserer Kinder an. Das Prinzip der Leistungsgesellschaft wird uns in frühester Kindheit eingetrichtert. Ohne es verteufeln zu wollen, führt es jedoch bei vielen Menschen dazu, die Ansprüche an sich selbst, an den Erfolg und die Qualität des eigenen Schaffens ins unermessliche zu steigern. Diese Eigenschaft paart sich obendrein, mit den Maßstäben, die angelegt werden, um die Erreichung dieser Ziele zu messen:

Wir neigen dazu, unseren eigenen Wert an materiellen Dingen, wie Haus, Auto, Kleidung und so weiter zu messen. Zusätzlich versuchen wir, möglichst hohe Positionen in Hierarchien zu erlangen, unseren Wert für uns selbst zu messen. Sei es eine gute Position im Verein, in politischen Aktivitäten oder im Beruf. Ein ›Nein, das schaffe ich nicht‹, oder ›Nein, diese Aufgabe passt nicht auf meine Liste‹, kommt in vielen Köpfen einer Katastrophe gleich. Sicherlich: Diese innere, motivierte Haltung ist absolut menschlich und hält die Welt in Bewegung. Sei es der Ackerbau oder die IT-Industrie: Ohne diese menschlichen Eigenschaften, ohne den Willen, Neues zu erreichen, wäre keinerlei Innovation oder Weiterentwicklung möglich. Sie sind somit nützlich und sollten auf keinen Fall gänzlich abgeschafft werden!

Es stellt sich aber die Frage der gesunden Dosierung. Ich möchte behaupten, dass die industrialisierten Nationen, und das betrifft inzwischen nicht einmal mehr nur die westliche Welt, es sich zu eigen gemacht haben, diese Herangehensweise zu perfektionieren. Auf diese Weise soll eine immer schnellere Entwicklung von Wirtschaft und Gesellschaft ermöglicht werden. Dies bleibt nicht ohne Nebenwirkungen: Das Streben nach Materiellem und Ansehen wird zum Selbstzweck. Jener Selbstzweck ist es, der uns den Blick auf uns selbst verlieren lässt. Gelassenheit weicht Verbissenheit. Dieser Effekt wird in den buddhistischen Texten oft mit ›Anhaftung‹ umschrieben und gilt als Gegenpol zum ›Gewahrsein‹, also der Selbstwahrnehmung. Die Konsequenz dieses Effekts im alltäglichen Leben wird in der Psychologie oft mit dem Begriff des Autopiloten umschrieben, den ich bereits im Kontext der Achtsamkeit erläutert habe. Wir wandeln also durch den Alltag, indem wir von Aufgaben, Rollen und Situationen gesteuert werden, statt diese unsererseits zu steuern. Es ist diese fehlende Selbstwahrnehmung, die uns sehr krank machen kann, die Konflikte in und mit uns erzeugt, die sich zunächst in Unzufriedenheit äußert, die wir mit noch mehr Erfolg und Konsum zu bekämpfen suchen. Die Abwärtsspirale nimmt Fahrt auf und statt uns zu helfen, warten wir oftmals auf Hilfe von außen, stellen andere in Frage und erkunden nur selten uns selbst.

Was uns hilft, ist nicht etwa die Abschaffung des eigenen Alltags. Es hilft uns nicht, das Haus zu verkaufen, Beziehungen aufzugeben und Extremsport zu unserem Hobby zu machen. Zwar können diese Maßnahmen erste, kurzfristige Wirkung entfalten, eine nachhaltige Lösung stellen sie jedoch nur in seltenen Fällen dar, sofern sie nicht auf einer ausführlichen Selbstreflexion fußen. Der Schlüssel ist, wie so oft, der gesunde Mittelweg. Und ein Werkzeug, diesen zu beschreiten, ist die Herstellung einer Art ›geistigen Hygiene‹. Diese ist mittels Meditation pflegbar. Für mich der optimale Weg, weil ich hier nicht Gefahr laufe, in einen ›Leistungsmodus‹ zu verfallen.

Dieser Weg ist nicht der einzige. Vielleicht mag es bei vielen doch der Extremsport oder das Kartenspiel mit dem Nachbarn tun, weil sie hier ebenfalls dem Leistungswillen abschwören können. Wichtig ist bei allen das Loslassen vom Alltag und der Fokus auf das ›Ich‹. Die geistige Hygiene zu pflegen und damit der Verbissenheit Einhalt zu gebieten, vermag ein immenses Konfliktpotenzial in uns selbst zu reduzieren. Meditation kann also nicht nur als Selbstzweck im Alltag dienlich sein, vielmehr kann sie dabei helfen, einen grundlegenden Perspektivwechsel herbeizuführen und zu erhalten.

Beim Hokuspokus erwischt

Dies alles erklärt aber noch nicht, wie Meditation in den Alltag zu integrieren ist. Ich habe bereits erwähnt, dass es eher unpraktisch ist, sich im Büro dabei ›erwischen‹ zu lassen, in Meditationshaltung mit geschlossenen Augen in den Bauch zu atmen, nicht wahr? Nun ja, mir ist es passiert, ich gebe es zu.

Ich bin dieses Risiko ganz bewusst eingegangen, da mir in den Anfängen der Praxis daran gelegen war, mich insbesondere dann auf mich zu fokussieren, wenn Drucksituationen drohten. Ich wollte mich nicht mehr vom Außen steuern lassen. So weit, so gut. Was tut der ›Meditant von Welt‹? Richtig: Meditieren. Hat auch wunderbar geklappt, bis ein Kollege überraschend den Raum betritt und mit einem leisen »Tschuldigung« wieder entschwindet. Die Folge: Man wird für die nächsten drei Wochen von allen Kollegen auf dem Büroflur angesehen, als würde man in der Freizeit Fledermäusen den Kopf abbeißen. Leider hilft hier weder Aufklärung, noch totschweigen. Einmal Hokuspokus, immer Hokuspokus. So ist es halt.

Zu empfehlen ist es daher, sich eine Tageszeit festzulegen, in der man in aller Ruhe in geschützter Umgebung praktizieren kann. Wichtig ist hierbei eine realistische Planung. Zu welcher Tageszeit bin ich wach, aufmerksam und finde die Zeit und den Ort zu meditieren? Es bringt nichts, sich am späten Abend voller Müdigkeit zur Meditation zu zwingen. Dies ist kontraproduktiv und verschafft keine Erfolgserlebnisse. Auch schweres Essen fördert nicht gerade die Aufmerksamkeit.

So nützlich dieses regelmäßige Training also ist, so viel Geduld sollte man sich selbst zuteil werden lassen: Mit zunehmender Praxis werden sich einige neue Fähigkeiten einstellen. Es wird schneller gehen, sich in den Zustand der Entspannung zu versetzen. Störungen, wie Geräusche von außen, werden weniger Einfluss nehmen. Die Augen müssen nicht mehr geschlossen sein, um sich zu fokussieren. Diese Fähigkeiten ermöglichen es uns, – und sei es nur für Sekunden – uns im Alltag in einen Zustand der Meditation zu versetzen. In einen Zustand der Wahrnehmung des eigenen Geistes. Selbst wenn wir dabei beobachtet werden, ist diese Aktivität für andere nicht oder nur kaum wahrnehmbar. Wir können sie also nun im Alltag integrieren. Ob an der Bushaltestelle oder im Büro. Die Meditation ist damit ein alltagstauglicher Energiespender, den wir an jeden Ort mitnehmen können.

Zu empfehlen ist es allerdings, sich dennoch in regelmäßigen Abständen in aller Stille zurückzuziehen und mit Zeit und Ruhe zu meditieren.

Wie war ich damals, wie bin ich heute?

Veränderungen im Freundeskreis

Durch die Meditation und die einkehrende Gelassenheit haben sich in den zurückliegenden Monaten wesentliche Dinge und Perspektiven in mir geändert. Die Gewichtung verschiedenster Facetten im Leben verschob sich. Ich bin noch immer die Person, die ich war, lege jedoch vermehrt Wert auf andere Dinge. Besitz ist hier nur ein Aspekt.

Diese Veränderung wurde natürlich ebenfalls von meinem Umfeld wahrgenommen. Enge Freunde konnte ich daran teilhaben lassen, mich erklären. Je weiter die Bekanntschaft aber vom ›inneren‹ Freundes- und Familienkreis entfernt lag, umso wunderlicher muss meine Veränderung auf diese Menschen gewirkt haben. Freundschaften haben sich verändert oder sind nahezu unbemerkt auseinandergebrochen. So negativ diese Beschreibung klingt, so positiv ist allerdings der Langzeiteffekt. Jene Freundschaften, die erhalten blieben, sind nun umso intensiver. Viele neue Beziehungen sind hinzugekommen und bereichern mein Leben, weil sie ehrlicher und weniger von Materiellem geprägt sind. Es sind ganz normale Freundschaften, mit völlig nicht-spirituellen Menschen. Es scheint aber, als wäre die Auswahl jener Charaktere, mit denen ich mich gut verstehe, unterschiedlich zu früher.

Ich stelle fest, dass sich meine Erwartungen an eine Freundschaft völlig gewandelt haben. Es ist, als wären da keine mehr. Ich denke, jeder kennt dieses Gefühl: Man investiert viel in eine Freundschaft, ist mit Leib und Seele dabei. Irgendwann kommt dieser Punkt, an dem man erwartet, etwas zurückzubekommen. Sei es in Form von Unterstützung in einer Krisensituation, oder die Gratulation zum Geburtstag. Wird diese Erwartung nicht erfüllt, so regt sich Groll in einem.

Jene Erwartungshaltung hat bei mir oftmals Druck aufgebaut. Sind meine Wünsche nicht in Erfüllung gegangen, habe ich mich geärgert und mich mit diesem Frust lange befassen können. Vergeltung und Aufwiegen sind Begriffe, die mir in diesem Kontext einfallen. All das hat sich mit dem stetigen, mentalen Training bis auf ein absolutes Minimum reduziert. Tatsächlich sind meine Erwartungen wie von Zauberhand verschwunden. Die Haltung hat sich dahingehend gewandelt, stattdessen eben nichts zu erwarten und mich dafür über jegliche, mir entgegengebrachte Aufmerksamkeit, redlich zu freuen. Dies geschieht nicht etwa aus Vorsatz, den ich mir einrede. Nein, es geschieht von allein. Im Ergebnis bin ich heute authentischer, freier und ehrlicher in Bezug auf Freundschaften, was diese gegenseitig intensiver werden lässt.

Betrachte ich mir diese Situation, so kommt mir automatisch der Gedanke, dass ich ja nun der ideale Kandidat wäre, den man für dumm verkaufen könnte. Da ist jemand, der keine Erwartungen hat, seinerseits aber in eine Freundschaft investiert! Klingt nach einem gewinnbringenden Deal für Egomanen! Das trifft den Punkt jedoch nicht in Gänze. Hier ist es ähnlich wie in Bezug auf das Verhältnis von ›Gelassenheit und Passivität‹, das wir schon betrachtet haben: Natürlich nehme ich wahr, wenn man meine Freundschaft für sich nutzen möchte. Selbstverständlich sinkt dadurch mein Hang, weiter in diese Beziehung zu investieren. Ich bin lediglich nicht mehr geneigt, Groll in einer solchen Situation zu empfinden. Stattdessen komme ich wie von Geisterhand auf den Gedanken, dass mein Gegenüber in einer bestimmten Situation schlicht das tut, was er oder sie für richtig hält, um seinen eigenen Lebensweg zu gehen. Stelle ich fest, dass dies zu meinem stetigen Nachteil ist, entferne ich mich von dieser Person. Ich sinniere jedoch nicht darüber, wie sich das Geschehene in irgendeiner Form aufwiegen ließe, gebe mich nicht mehr böswilligen Gedanken hin. Ich suche schlicht Abstand und das war es.

Ich bin mir heute sicher, das, was ich brauche, in mir selbst zu finden, es nicht mehr in Freundschaften zu suchen und Dinge zu erwarten!

Dadurch werden jene Beziehungen aber nicht unwichtiger. Das Gegenteil ist der Fall: Ich bin weniger ›erwartungsgestresst‹ und damit in der Lage, die positiven Aspekte intensiver zu erleben. Auch dies ist offenbar ein Effekt der Gelassenheit.

Es sind wesentliche Phänomene des inneren Wandels, auf die ich nicht vorbereitet war, als ich mein Selbstexperiment startete. Rückblickend tun sie mir allerdings sehr gut. Diesen Prozess der Veränderung meines Umfeldes durchzumachen, brachte mich oftmals zum Zweifeln und ich stellte mich selbst in Frage. Die Entfernung von langjährigen Freunden ließ mich natürlich nicht völlig kalt. Die Summe der Dinge zeigt mir dennoch, dass mein Weg goldrichtig für mich war und ist, da er mir eine grenzenlose Leichtigkeit im Innern beschert.

Verschiebung von Prioritäten

Ein nicht unwesentlich mit der Veränderung im Bereich der Freundschaften verwobenes Phänomen ist die Verschiebung von Prioritäten im Allgemeinen. Diese hat sich bei mir persönlich mit dem regelmäßigen Training des Geistes eingestellt. Dinge, die mir noch vor zwei Jahren unglaublich wichtig erschienen, haben sich relativiert. Beispielsweise neigte ich dazu, mir für Aktivitäten jeglicher Art, knapp kalkulierte Termine zu setzen. Ob dies nun notwendig war oder nicht, ich bildete mir ein, mir mit diesem Vorgehen eine Art Motivator zu schaffen, an meinen Zielen festzuhalten und nicht nachzulassen. Von Nachteil war, dass ich verlernte, Ziele auf diesem Weg zu hinterfragen. War mein Tun noch sinnvoll? War das Ziel aktuell? War es überhaupt mein eigenes Ziel oder wurde es mir von anderen ›eingepflanzt‹? Wie blind rannte ich also von einem Projekt zum nächsten, sowohl dienstlich, als auch privat. Ich rannte um des Rennens willen.

Diesen Effekt habe ich bereits in meinem Modell von Ich – Selbst – Geist – Außen – Universum angedeutet.

Ich ließ mich also vom Außen steuern, hinterfragte mich nicht, sah mich auch nicht selbst. Der Autopilot hatte die Kontrolle. Ich war niemals im ›HIER und JETZT‹, sondern dachte an die Zukunft oder haderte mit der Vergangenheit. Ich setzte mir das Ziel, ein Jahr lang zu meditieren und dann ein Buch darüber fertigzustellen.

Dies hat sich durch das regelmäßige Training und den regelmäßigen Blick auf das ›Ich‹ im ›HIER und JETZT‹ nahezu gelegt. Das ›Ich‹ steht inzwischen im Vordergrund, was sich auf viele Alltagssituationen auswirkt. Geschieht etwas Unvorhersehbares oder sehe ich mich einer unkalkulierbaren Situation gegenüber, stellt sich nun nicht in aller erster Linie die Frage nach den schlimmsten Konsequenzen, die eine solche Situation mit sich bringen könnte. Vielmehr steht nun das ›Ich‹ und die Situation in viel größerem Kontext, im Zentrum der Betrachtung. Ein einfaches Beispiel:

Ich gerate mit dem Auto auf dem Weg zu einem Termin in einen Stau, sodass es zunächst einmal so aussieht, als würde ich zu spät kommen.

Diese sehr alltägliche Situation hätte mich noch vor einigen Monaten innerlich zum Kochen gebracht: Ich hätte mir ausgemalt, welchen Eindruck diese Verspätung über mich hinterlassen könnte. Ein unglaublich unangenehmes Gefühl! Was würde mir womöglich alles verwehrt bleiben, nur weil mir dieses Missgeschick passierte? Eine Situation, wie sie vielleicht jeder kennt.

Heute sieht das ganz anders aus. Die Frage, die sich in einer solchen Situation stellt, ist nicht mehr die, was mir nun alles passieren könnte. Die Betrachtung geht eher in eine völlig andere Richtung. Würde ich sie überzeichnen wollen, könnte man sagen: »Was ist meine Verspätung, auf die ich keinen Einfluss habe, schon im Gegensatz zu echten, schwerwiegenden Problemen? Die Welt wird sich auch morgen noch drehen! HIER und JETZT kann ich nichts ändern. Alles andere wird sich zeigen.«

Diese Betrachtung ist natürlich überzeichnet. Klar, es ist nach wie vor unangenehm, sich zu verspäten. Selbstverständlich ist es mir nicht egal. Mein Geist hat jedoch gelernt sich zu fragen, welchen Einfluss er auf die Situation hat, wie viel Sinn es macht, Energie darauf zu verschwenden und wie schrecklich die Konsequenzen in der Realität tatsächlich, im Gegensatz zum schlimmsten Szenario, sein mögen. In aller Regel ist das Ergebnis dieses Denkprozesses deutlich weniger dramatisch, als es in der alten Denkweise der Fall war. Ich habe das wohlwollende ›Annehmen‹ von nicht-änderbaren Situationen gelernt.

Zum ›Annehmen‹ gehört es allerdings auch, die Taten anderer Menschen zu akzeptieren, insbesondere, wenn sie nicht dem entsprechen, was ich für nützlich erachte. Hier rede ich nicht über Mord und Totschlag, sondern über die kleinen Dinge des Alltags. Ich kenne Menschen, die sich gepflegt darüber ärgern können, dass der Nachbar die Hecke mal wieder nicht geschnitten hat. Hier gleichfalls die Fragen: Was kann ich daran ändern? Möchte ich etwas daran ändern? Macht es Sinn, hier Energie zu investieren? Ist dieser Umstand etwas, das mich in meinem Dasein einschränkt? Und falls ja: Warum helfe ich nicht einfach dem Nachbarn und greife zur Heckenschere? Weil es seine Pflicht ist? Weil ich missgünstig bin und ihm die Arbeit gönne? War ich nicht gerade noch wohlwollend? Hecke schneiden muss ich trotzdem nicht. Aber ich gönne dem Nachbarn das Wochenende.

Der Wechsel der Perspektive auf die Dinge hat meinen Energieaufwand im Alltag mehr als deutlich reduziert und die Beziehungen zu anderen Menschen entspannt. Ich kann nun, um beim Beispiel zu bleiben, die nicht-geschnittene Hecke mit einem wohlwollenden Lächeln betrachten, weil es einfach das schönere Gefühl ist. Mir wird bewusst, dass der Nachbar sicherlich wichtigeres zu tun hat und mir nichts Böses will. Hierbei rede ich nicht davon, dass ich mich zu dieser Zurückhaltung und Sichtweise zwingen müsste. Nein, das Training hat mich wie von selbst in diese Haltung geführt. Ohne jegliche Anstrengung. Manchmal klappt es gut, manchmal nicht. Tendenz positiv!

Zu den veränderten Perspektiven scheint ebenfalls zu gehören, dass ich in letzter Zeit weniger Wert auf Konsum und Besitz zu legen scheine. Sei es der Wunsch nach mehr Geld, üppigeren Mahlzeiten oder möglichst vielen Erlebnissen der Superlative in kurzer Zeit. Nein, ich neige nicht dazu in Askese zu leben und freue mich über eine Pizza und ein Bier. Die Gewichtung und die Wertschätzung für solche Dinge wandelt sich schlicht etwas, was eine Art ›Erleichterung‹ mit sich zu bringen scheint. In dieser Hinsicht bin ich geduldiger geworden.

Dieser Perspektivwechsel hat also sehr positive Auswirkungen auf die Lebensenergie und ist eng mit dem Wandel der Prioritäten verzahnt. So zumindest stellt es sich für mich dar. Das lässt sich aber auch anders einordnen, wenn plötzlich der Freundes- und Familienkreis diese ständige ›Gelassenheit‹ und diese andere Einordnung von Prioritäten als Desinteresse interpretiert. Hier steckt eben jenes gewisse Konfliktpotenzial, das Freundschaften verändern kann. Über allem steht die Entscheidung, welcher Weg für einen selbst der Sinnigere ist. Hier und jetzt.

Gelassene Aktivität vs. Passivität

Da atmest du morgens schön tief in den Bauch. Du folgst deinem Atem, lässt das warme Licht des Kosmos deinen Körper und auch den Geist erhellen, bevor du ins Auto steigst, um durch wunderschöne Landschaften und Wälder zum nächsten Kosumtempel zu cruisen. Du schwebst mit einem Lächeln zum Einkauf und verteilst, in glückseligen Gedanken versunken, auf dem Parkplatz noch ein paar gute Wünsche an dein Umfeld und an die Menschen, denen du während des Einkaufs begegnest, bis du dich sanft dazu entschließt, dem Rentner an der Supermarktkasse, der DIR BEREITS MEHRFACH IN DEN RÜCKEN GEFAHREN IST, UM SEINE SCHEISS EINKÄUFE SCHNELLER AUFS BAND LEGEN ZU KÖNNEN, VERBAL AN DEEEEN HAAAAALS ZUU SPRIIIIIIINGEEEEEEN!

Was mag hier also passiert sein? Wo ist da die Gelassenheit hin, die ich so mühevoll trainiere? Soll all die Mühe etwa umsonst gewesen sein, wenn es schon ein Halbtoter schafft, mich im Supermarkt auf die Palme zu bringen?

Der aufmerksame Leser stellt fest: Das Beispiel Supermarktkasse in Verbindung mit dem Begriff Gelassenheit, kommt uns bekannt vor. Richtig. Aber ebenfalls wichtig, weshalb ich es an dieser Stelle noch einmal aufgreifen möchte, selbst wenn sich einige Inhalte doppeln:

Diese, natürlich völlig überspitzte und fiktive Situation – sowas könnte mir ja nie passieren – hält einige Erkenntnisse bereit, wie ich denke. Genaugenommen gilt es hier, in aller Deutlichkeit wesentliche Missverständnisse auszuräumen, die dem Praktizierenden häufig begegnen:

Da wäre zuerst einmal das Missverständnis, das besagt, dass Meditation in Nullkommanichts frei von jeglichem Groll und Aggression machen würde. Nein, das stimmt so nicht! Jedenfalls traf es nicht auf mich zu und ich sehe auch nicht, dass dies in näherer Zukunft geschehen könnte. Viel mehr ist die Frage zu stellen, ob dies überhaupt sinnvoll wäre? Möchte ich überhaupt frei von solchen Emotionen sein? Inwieweit wäre ich denn dann noch ich? Wäre ich dann noch menschlich? Ich sehe nichts Schlimmes darin, mal ordentlich sauer zu sein. Alles andere entspricht wohl dem Hollywood-Klischee eines Meditierenden. Wir erinnern uns: Glatze, Lotussitz, Räucherstäbchen, schweben.

Groll zu empfinden ist dagegen völlig normal und gehört zu uns. Eine solche Emotion ist ein Motor, aktiv zu werden. Und das wiederum soll hier positiv besetzt sein. Ein einfaches Beispiel: Wäre der Umweltaktivist nicht erbost über das Mikroplastik in den Ozeanen, hätte er vermutlich wenig Antrieb, dem ein Ende zu setzen. Nichts würde passieren, die Ozeane weiter zumüllen. Hinsichtlich der Meditation ist also die Frage zu stellen, wie der Meditierende und der Nicht-Meditierende mit diesem Groll umgehen.

Wie bereits beschrieben, habe ich hierzu festgestellt, dass mit zunehmender Praxis eine Veränderung eingetreten ist. Diese möchte ich als ›situationsbezogene Ausflipper‹ bezeichnen. Bezogen auf die Situation deshalb, weil der Groll einer solchen mich nicht mehr ins Innere begleitet. Ich trage ihn nicht längerfristig mit mir herum, betrachte mich schneller aus der Vogelperspektive, womit sich Wut und Aggression rasch relativieren und einer Art konstruktiven Umgang mit den Begebenheiten weichen. Nicht künstlich erzwungen, sondern von ganz allein. Recht schnell stellt sich die Sichtweise ein, dass ein potenzieller Gegner gar nicht mich angreift, sondern irgendetwas, das er gerade mit der Gestalt dort vor sich an der Kasse, verbindet. Ich nehme die Dinge also weniger persönlich.

In früheren Zeiten sah das anders aus. Hier haben vergleichbare Situationen Besitz von mir ergriffen. Ich fühlte mich persönlich attackiert. Meine Wut nährte sich über Stunden oder Tage, sodass der weitere Tagesverlauf und mein Umfeld davon beeinträchtigt wurden. Mein Geist beschäftigte sich mit Gedanken, wie Rache und Gegenangriff, ohne auf die Idee zu kommen, den Opa demnächst beim ersten Stoß auf sein Verhalten anzusprechen.

Groll und andere Emotionen zu haben ist somit also kein Anzeichen einer gescheiterten Meditationspraxis. Vielmehr ist die Frage, wie der Geist in Schritt zwei mit diesen Empfindungen umgeht. Diese Handhabung führt uns sogleich zu einem weiteren Missverständnis, das dem

Praktizierenden oft das Leben erschwert. Es handelt sich hier um die Annahme, dass Gelassenheit mit Passivität gleichzusetzen ist und auch hier wiederhole ich mich ganz bewusst. Ja, es ist in der Tat so: Ein Praktizierender empfindet Hemmungen, auf den Angriff, sei er verbal oder physisch, zu reagieren. Aus biblischer Sicht würde hier gar der Terminus ›die andere Wange hinhalten‹ ins Spiel kommen, denn das Klischee besagt ja, dass der Meditationsprofi von Welt über solche Dinge völlig erhaben wäre. Nein, ist er nicht! Auch hier stellt sich die Frage zum Maß der Reaktion. Schütze und verteidige ich mich selbst oder möchte ich den Gegenüber vernichten? Klar ist: Die Meditation hilft dabei, von Vernichtung absehen zu können, womit sich übrigens der Kreis zur angesprochenen Kampfkunst ›Aikido‹ schließt, die nach selbiger Philosophie verfährt.

Um das klarzustellen: Ich bin Pazifist und habe keinen Rentner an einer Kasse niedergestreckt.

Der wesentliche Punkt ist, dass die in der Meditation erworbene Geisteshaltung uns eine andere Art des Umgangs mit Konflikten und Aggressionen ermöglicht. Jener Umgang bedeutet eben auch, dass wir schnell und aktiv, aber zudem mit Bedacht handeln. Gelassenheit im Kontext des Trainings ist somit auf keinen Fall eine Form der Passivität in akuten Situationen und nicht Ziel. Ich würde diese Sichtweise eher mit einer deutlichen Steigerung der Geduld in Verbindung bringen, was mich zu einer weiteren Betrachtung führt: Warum flippe ich im Moment der Rentner-Konfrontation überhaupt aus? Vermutlich ist es die Angst vor weiteren ›Angriffen‹, die sich in der menschlichen Natur gern in Wut umwandelt und besagte Reaktionen hervorruft. Die eben noch beschriebene Motivation des Handelns wandelt sich, denn der Nachteil des ›Ausflippers‹ ist, dass er vollkommen unbedacht und blind erfolgt. Somit ist es also nach wie vor mein Bestreben, in solchen Situationen ›gelassener‹ zu werden. Erzwingen lässt sich dies allerdings kaum und bedarf noch einiger Praxis. Es macht jedenfalls keinen Sinn, den zweiten vor dem ersten Schritt tun zu wollen.

Alleinsein

Wenn mir die Meditation eines gebracht hat, dann die Fähigkeit, allein sein zu können. Das klingt nun vermutlich sehr befremdlich. Aber dieses ›Alleinsein‹ steht in direktem Bezug zur Angst vor dem ›Ich‹ und zum Verlassen der eigenen Komfortzone. Hierzu hatte ich ja bereits festgestellt, dass dieses Verlassen den eigenen Horizont erweitert, Ängste reduziert und mich selbst schlicht gelassener macht. Wer sich aber nun fragt, was zum Henker das mit dem Alleinsein zu tun hat, der stellt zunächst mal keine so dumme Frage. Diese Feststellung ist nicht nur eine simple Art eines Autors, sich beim Leser einzuschmeicheln, nein, da steckt in der Tat noch mehr dahinter:

Paradoxer Weise scheint die schwindende Angst vor dem ›Ich‹ und die zunehmende Übung beim Verlassen der

Komfortzone sich auf meine Fähigkeit des Alleinseins positiv auszuwirken. Plötzlich wird mir klar, dass ich in der Vergangenheit häufig vermieden habe, zu lang allein zu sein. Sei es in der Form, einmal eine Woche lang keine Verabredungen mit Freunden zu haben, oder auch längerfristig nicht in einer Beziehung zu leben. Ich spreche also nicht, vom kurzfristigen, sondern vom langfristigen Alleinsein. Dies galt es zu vermeiden, ich bezeichnete mich mit einem Augenzwinkern als ›Rudeltier‹. Und selbst das kurzfristige Alleinsein war zu vermeiden. Viele umgehen es mit dem Einschalten des Fernsehers, wenn eben niemand anderes im Haus ist.

Was aber hat mich dazu veranlasst, nicht allein sein zu wollen? Ich vermute, dass es schlicht die unbewusste Angst vor zu viel Beschäftigung mit mir selbst war. Wer möchte schon allein sein und über all jene Dinge nachdenken, die im eigenen Leben nicht sonderlich angenehm sind? Wer möchte die Komfortzone verlassen? Naja, ich wollte das anscheinend nicht! Mit zunehmender Praxis hat sich dies jedoch gewandelt. Ich habe keine Angst mehr vor solchen Situationen. Ich genieße sie, weil ich gelernt habe, dass sie befreiend sein können. Und dies führt wiederum zu weiteren, erstaunlichen Feststellungen, die unmittelbar an diese neugewonnene Freiheit geknüpft sind:

Ich bin in der Lage, offener gegenüber anderen Menschen zu sein, habe keine Angst mehr ›verlassen‹ zu werden und kann unangenehmen zwischenmenschlichen Situationen mit Ruhe begegnen und Verständnis aufbringen. Ich neige nicht dazu, Taktiken zu entwickeln, die einen Partner in irgendeiner Weise abhängig von mir machen, fühle mich auch nicht abhängig von anderen. Der Gedanke von ›Besitz‹ und ›Eifersucht‹ ist in Bezug auf Freundschaften völlig obsolet geworden. Es ist diese Souveränität des ›Alleinseinkönnens‹, die mich überhaupt erst in die Lage versetzt, mich angstfrei auf das Wesentliche in der Beziehung zu anderen Menschen zu fokussieren. Freundschaften werden dadurch intensiver, offener und frei von jeglicher Anstrengung. Ich bin dadurch sogar weniger allein, dass ich mich wohl und sicher im Alleinsein fühle. Klingt komisch, ist aber so.

Geht doch einmal eine Freundschaft in die Brüche, so nehme ich es weniger persönlich. Vielmehr trennen sich die Wege von Individuen und ich bin allein genauso glücklich wie zuvor. Ich bin dankbar für das, was ich aus der freundschaftlichen Beziehung für mich lernen durfte. Das heißt, ich ziehe meine Energie und Lust an Freundschaften nicht mehr aus der Anerkennung anderer, um die ich buhlen müsste, sondern aus mir selbst, meiner Fähigkeit, allein und damit glücklich zu sein. Erst das macht mich frei, stark und zu einem angenehmen Gegenüber für Menschen, die sich mit mir umgeben möchten – wie es scheint.

Das mag sich lesen, als hätte ich soeben irgendein bewusstseinserweiterndes Kraut geraucht. Ich kann an dieser Stelle allerdings versichern, mit sowas rein gar nichts am Hut zu haben. Haarproben sind kein Problem, Leute!

Perspektiven 2.0

Ich habe im Kontext der Betrachtung von Wahrheit und Wirklichkeit bereits von der Änderung der eigenen Perspektiven gesprochen. Die Veränderung der Sicht auf die Dinge dient dazu, uns zu vergegenwärtigen, was wirklich in unserem Leben passiert und was wir in diese Begebenheiten hineininterpretieren oder eben nicht. Bereits hierin steckt eine Möglichkeit zur Veränderung, denn wir beginnen, die Welt mit anderen Augen zu sehen.

Inzwischen weiß ich jedoch, hinter dem Begriff des Perspektivwechsels verbirgt sich noch mehr. Ich nenne es ›Perspektiven 2.0‹. Auch hier gewinnt das Training des Geistes eine Art Eigendynamik und kann eine ganze Weltanschauung verändern. Es ist genau diese Stelle an der die Ausführungen zu Mitgefühl, Gelassenheit, etc. zu einem großen Ganzen verschmelzen und eine völlig neue Sicht auf den eigenen Berufs- und Lebensalltag ermöglichen. Die Stichworte ›HIER und JETZT‹ und auch ›Ich‹ und ›Außen‹ gliedern sich mit dem mentalen Training völlig von selbst ins Leben ein und machen es deutlich unkomplizierter. Und das bei gleicher Aktivität und möglicherweise gesteigerter Effektivität meines Tuns. Nach außen hin habe ich mich als Mensch nur unwesentlich verändert, was mein Agieren angeht. Insbesondere mit der Vorgeschichte des sogenannten ›Burn-outs‹ werde ich häufig gefragt, ob ich mir nicht zu viel zumuten würde. Ich antworte daraufhin gern, dass ich sogar mehr erledige, als es vor meiner Depressionserkrankung der Fall war. Eben mit einer anderen Sichtweise auf die Dinge. Ich lasse mich nicht mehr vom Außen treiben, erledige die Dinge für mich. Ich erfahre damit sehr positiven ›Stress‹, der mich weiter stärkt. All das ist nur möglich, weil es Perspektiven 2.0 gibt, weil sich meine Grundhaltung gegenüber der Welt, in der ich lebe, völlig gewandelt hat. Ich vermeide Verbissenheit und ›Anhaftung‹ im buddhistischen Sinne. Das Beobachten des eigenen Wandels ist es, was diesen Prozess beschleunigt und Stabilität in meinen Geist einkehren lässt. Es ermöglicht mir überhaupt erst, die Wahrnehmung für die vielen kleinen positiven Dinge dieser Welt zu schärfen und sie zu verstärken, statt mit den negativen Begebenheiten zu hadern und mich an ihnen festzufahren. Ich habe gelernt, Wege zu Zielen zu genießen, anstatt einen stetigen Effizienz-K(r)ampf mit mir selbst auszutragen. Ich bin freundlicher in der Betrachtung meines Selbst und in der anderer. Ich bin wohlwollender.

›Ich siegte, als ich lernte, nicht mehr zu kämpfen.‹
(Sprichwort)

Mitgefühl und Akzeptanz

Über das Thema Mitgefühl, oder besser das Aufbringen von ›Empathie‹, habe ich ja schon ausführlich gesprochen. Wie aber hat sich dieses Thema in den letzten zwei oder drei Jahren auf mich persönlich ausgewirkt? Ganz ehrlich: Dieser Mitgefühls-Kram ist wirklich nicht das, was ich mir ganz oben auf die Liste jener Themen geschrieben hätte, die in meinem Falle wesentlich gewesen wären. Im Gegenteil. ›Lasst mich alle in Ruh! Ich mach mein eigenes Ding!‹, wäre eher meine Zielsetzung gewesen.

Inzwischen zeigt sich aber eine andere Entwicklung. Ich glaube verstanden zu haben, dass der Begriff viel allumfassender und vieldimensionaler ist, als ich mir vorgestellt habe. Mitgefühl wirkt sich nämlich auf alle von mir beschriebenen Aspekte meiner Veränderung aus und ist untrennbar mit ihnen verbunden. Ein genereller Perspektivwechsel, Gelassenheit, Akzeptanz, Veränderungen im Alltag. All das wäre ohne diesen grundlegenden Teil des Ganzen nicht möglich gewesen. Jene Empathie, dieses Mitgefühl scheint vielmehr eine Art unbewusste Lebenseinstellung zu sein, die sich mit dem mentalen Training auf geheimnisvolle Weise von ganz allein eingestellt hat und die ich nicht gesondert ›trainieren‹ musste. Es ist, als wäre mein Blickwinkel nun ein viel weiterer, nicht mehr so eng wie er es am Anfang war. Aus dieser Sicht für das große Ganze entsteht wiederum ein gewisses Verständnis, eine Empathie für das Detail, auch wenn dieses keinen so großen Einfluss auf das große Ganze haben mag, womit wir wieder beim Begriff der ›Gelassenheit‹ wären. Und so weiter, und so weiter. Auch hier möchte ich nicht vergessen zu sagen, dass ich von einer generellen Beschreibung des Wandels spreche. Ich flippe nach wie vor aus, wenn ich auf der Leiter stehe, verbogen wie eine Acht versuche, eine winzig kleine Schraube in eine Lampe zu drehen und diese mir kurz vor dem Ziel herunterfällt um daraufhin unter dem nächstgelegenen Schrank zu verschwinden! Natürlich tu ich das! Ich bin ein Mensch... Ich ärgere mich! Aber ich ärgere mich eben nur noch in der konkreten Situation, nicht mehr über längere Zeit. Ich habe gelernt, Dinge zu akzeptieren, weil sie eben nicht mehr so wichtig sind, wie es vielleicht den Anschein hat. Allerdings stelle ich ebenfalls fest, dass selbst diese Situationen des Ärgers reduziert werden. Manchmal steige ich schlicht von der Leiter und suche die Schraube.

Das Stichwort ›Akzeptanz‹ ist an dieser Stelle nicht unwichtig. Es mag leicht sein, die heruntergefallene Schraube nach einem ordentlichen Ausflipper akzeptieren zu können und entspannt weiter durch den Alltag zu wandeln. Was ist jedoch mit nachhaltigeren Dingen? Der Verlust eines Menschen, eine schwere Krankheit, eine nachhaltige gesundheitliche Einschränkung? Hier ist das mit der Akzeptanz wohl leichter gesagt als getan. Dennoch hat mir persönlich das mentale Training sehr geholfen.

Während hinsichtlich der Problematik ›Schraube‹ noch die simple Frage hilft, welchen Stellenwert diese im Moment für mich hat und sich vor Augen führt, welchen Wert sie für die Familie, für die Nachbarschaft, den Stadtteil, die Stadt, für das Land, den Planeten oder gar für das Universum hat, erschließt sich schnell, wie unwichtig dieses Malheur eigentlich ist. Es wahrhaft zu akzeptieren, es nicht bloß zu verdrängen, kurz zu lächeln und sich einem neuen Thema widmen, fällt plötzlich recht leicht. Dafür ist ja auch unser ›Ausflipper‹ recht praktisch: Wir fressen den Zorn nicht in uns hinein, sondern arbeiten mehr oder minder produktiv damit, bis es eben gut ist. Der Fortgeschrittene wird es wohl etwas später innerhalb der Meditationspraxis tun und auf diesen unschönen Ausflipper verzichten, aber hey, wir wollen ja nicht den zweiten Schritt vor dem ersten tun.

Was machen wir also bei schwerwiegenderen Krisen? Wie kann uns die neue Sichtweise helfen? Zunächst mal gar nicht. Der Verlust eines uns nahestehenden Menschen ist nicht schön. Es ist nicht schön zu erkranken und auch nicht, nachhaltige Einschränkungen irgendeiner Art annehmen zu müssen. Wir haben hier keine Wahl. Natürlich kann uns der Glaube helfen. Sei es ein himmlisches Paradies, oder der feste Glaube daran, dass Energie im Universum niemals verloren geht und alles Leben demnach eine neue Bestimmung erfährt. Was aber, wenn uns dieser Glaube fehlt?

Der Aufmerksame Leser hat den dramaturgischen Bogen bereits entdeckt und ja, richtig: Mir hilft mal wieder die Meditation. Ich kann sogar benennen, warum das für mich so ist:

Für mich steht hinter solchen Ereignissen in erster Linie Angst. Ob der Tot eines geliebten Menschen, oder eine Krankheit des eigenen Körpers. Es ist die Angst vor der Zukunft. Wie soll es nun weitergehen? Was wird als nächstes passieren? Dies ist der Punkt, an dem der Gedankengang jedoch zumeist endet. Die Angst behält etwas neblig Abstraktes, etwas Unkonkretes. Wir fokussieren uns auf dieses unkonkrete Gefühl, das damit immer größer und stärker wird. ›Was du fokussierst, wird stärker‹, ist ein oft verwendeter Satz in Bezug auf diesen Effekt. In unserer Wahrnehmung ist fortan sehr viel Platz für ein unkonkretes Gefühl der Verunsicherung, aber eben sehr wenig Raum für die positiven Aspekte der Situation.

Mir persönlich hilft es, mir während der Meditation ganz konkret vor Augen zu führen, was mir Angst macht. Ich betrachte mich, die Situation und jene beängstigen Aspekte aus der sicheren Vogelperspektive. Ich versuche weder zu bewerten, noch Pläne zu schmieden, um sie zu bekämpfen. Nein, ich betrachte die Ängste, lerne sie kennen. Was ist es im Detail, das mir hier Angst einjagt? Warum springt mein Emotionszentrum bei diesem Detail konkret an? Mit welchem Erlebnis bringe ich es in Verbindung, sodass es mich in dieser Weise vereinnahmt? Was ist in der aktuellen Situation, wie in meiner Erfahrung? Ist jene Angst gerechtfertigt? Was zunächst sehr unangenehm ist, wird im Laufe der Zeit plötzlich ›annehmbar‹. Je mehr ich mich und die Lebensumstände betrachte, umso gewöhnlicher werden sie. Der Schrecken der Angst nimmt ab. Alles was ich gut kenne, kann mich so gut wie nicht überraschen und somit auch weniger ängstigen. Selbstverständlich verändert diese Betrachtung nicht einen einzigen, winzigen Teil der Situation und der Fakten, mit denen ich mich konfrontiert sehe. Es passiert hingegen etwas unglaublich Wichtiges: In meiner Wahrnehmung ist wieder Platz für positive Gedanken, für weitere Selbstbetrachtung. Es gibt die Möglichkeit zur Einsicht, vielleicht schlicht nichts ändern zu können, so sehr ich auch darüber nachdenke. Es reift die Erkenntnis, lediglich mit dem ›HIER und JETZT‹ zu arbeiten und darauf zu vertrauen, dass es auch morgen eins geben wird. Ich beginne zu akzeptieren.

Ist Entspannung schon alles?

Ich habe bereits gelernt, dass Meditation wesentlich mehr ist, als einfach zu entspannen. Einige Fragen, die ständig an mich herangetragen werden und vor denen ich selbst zu Anfang stand, sind der Art, wann man denn nun genau wisse, ob man meditiere oder nicht. Was muss man eigentlich erleben, während man da so vor sich hin entspannt? Die Antwort auf diese Fragen ist nicht ganz einfach. Zunächst glaube ich der These Yongey Mingyur Rinpoches, der behauptet, dass wir bereits meditieren, wenn wir beginnen, den Blick auf uns selbst zu richten und sei es auch noch so kurz im Alltagsgeschehen. An dieser Stelle beginnt das ›Gewahrsein‹ des Geistes und damit die Meditation. Somit wäre die Frage nach dem Beginn der

Meditation geklärt, sofern diese sich überhaupt eindeutig klären lässt.

Für den Anfänger ist allerdings eine andere Frage ganz wesentlich, nämlich jene nach den Regeln der Meditation: Was muss ich empfinden und was sehen?

In der Tat gibt es auch in diesem Kontext berichte von Praktizierenden, die sich oftmals ähneln. So gibt es eine Art erster Stufe der Praxis, in der ein Entspannungseffekt auftritt. Diese ist sowohl körperlich, als auch mental. Leider wird diese immer wieder durch ganz alltäglichen Gedanken oder Geräusche aus der Umgebung gestört.

Wer sich hierdurch und von den ersten Erfolgen motiviert, nicht von der täglichen Praxis abhalten lässt, wird in der Folge noch tiefere Entspannungszustände erfahren. Alltagsgedanken reduzieren sich während der Meditation auf ein Minimum. Im weiteren Verlauf wird von wohliger Leichtigkeit in absoluter Leere, von buntesten Farbspektakeln vor dem geistigen Auge oder einem Gefühl grenzenloser Geborgenheit gesprochen, sodass sich im Nachgang die wirren Gedanken wie von selbst ordnen können.

Dies sind nur einige Beschreibungen, die ich persönlich sehr gut nachvollziehen konnte und kann. Hinzu kommt der Effekt des ›Verlassens der Komfortzone‹, den ich schon beschrieben habe. Grundsätzlich möchte ich aber nicht zu konkret auf diese Erfahrungen eingehen, denn ganz wesentlich für die Mediation ist ja die eigene Erfahrung. Und diese kann von Mensch zu Mensch eben sehr unterschiedlich aussehen, weshalb es kontraproduktiv wäre, hier feste ›Meilensteine der Meditationspraxis‹ zu verfassen, die bei nicht-Eintreten vielleicht zu großem und noch dazu völlig unnötigen Frust führen würden. Einzig wichtig ist die eigene, wohltuende Erfahrung. Meditation hin oder her: **Was guttut, sollte beibehalten werden. Der Rest ergibt sich von allein!**

Wenn ich sage, der Rest ergebe sich von allein, ist das wörtlich zu nehmen. Jenes regelmäßige Guttun wird für den Praktizierenden anfangs mit viel Disziplin und in weiterem Verlauf von ganz allein zu einem festen Bestandteil des Alltags werden, weil es zu einer Stabilisierung des eigenen Gewahrseins führt, das man eben mitträgt.

Es wird der Tag kommen, an dem man auf sich selbst blickt und die Veränderungen der zurückliegenden Monate betrachten kann. Es ist die Stelle, an der wir beginnen uns selbstständig auf diese Weise weiterzuentwickeln, an denen Lehren von außerhalb zweitrangig werden! Ich kann nur jeden ermutigen, dieses Lebensgefühl für sich selbst zu ermöglichen.

Ist Meditation alltagstauglich?

Der nicht-esoterische und beruflich eingebundene Mensch wird sich nun noch fragen, wie er all diese Informationen und die vielleicht schon angehende meditative Praxis in den Alltag integrieren soll. Das ist eine der größten Herausforderungen dieses Themenkomplexes. Ich erwähnte bereits, dass es der eigenen Reputation kaum förderlich ist, sich im Schneidersitz meditierend im Büro erwischen zu lassen. So lustig diese Vorstellung ist, so problematisch ist die Antwort auf die Frage nach der Alternative.

Die Meditationspraxis ist insbesondere zu Anfang vor allem durch Disziplin geprägt. Wer sich schon einmal bemüht hat, den Alltag in irgendeiner Form zu ändern, weiß wovon ich rede. Veränderung ist die größte Herausforderung im Dasein eines Menschen. Ich vergleiche die Einarbeitung der Meditationspraxis in das tägliche Leben immer mit dem Plan, regelmäßig zum Training ins Fitness-Studio zu gehen: Hier ist eiserne Disziplin gefragt und erst nach einigen Wochen des ›Sich-Überwindens‹ entsteht eine gewisse Eigendynamik: Wir trainieren plötzlich gern, es fehlt uns etwas, wenn wir einmal nicht trainieren konnten.

Mit der Meditationspraxis ist es nicht anders. Wir müssen uns sanft zwingen, denn auch dieses Training bedeutet zu Anfang eine große Anstrengung. Eine Anstrengung für den Geist. Wie erwähnt, empfehle ich daher, sich anfangs eine feste Zeit zur Mediation in den Tag einzuplanen, ganz so, wie man es für das sportliche Training tun würde. Eventuell sind es auch zunächst nur zwei oder drei Tage in der Woche, an denen ein Zeitfenster für diese Aktivität reserviert wird. Der Moment sollte allerdings gut gewählt sein: Eine Tageszeit, in der wir wach und voller Energie sind ist besser als ein Zustand der Müdigkeit. Viele Anfänger schlafen während der ersten Übungen ein. Wenngleich dies keinesfalls schlimm ist, ist es dennoch nicht der Sinn der Sache. Hinsichtlich der stets wiederkehrenden Alltagsgedanken während des sich selbst Fokussierens, hat mir ein kleiner Trick geholfen: Wir wissen bereits, dass es nutzlos ist, sich über das gedankliche Abschweifen zu ärgern. Stattdessen ist es zielführender, das eigentliche Erkennen des Abschweifens als positives Zeichen dafür anzusehen, also genau in diesem Moment aus einer Vogelperspektive auf uns selbst geblickt zu haben. Ich möchte diesen Gedankengang nun noch erweitern: Wir haben uns diesen kleinen Moment des ›Gewahrseins‹ geschaffen. Somit sind wir in der Lage, den nächsten Augenblick dieser Art zu erreichen und sei er auch noch so kurz. Auf diese Weise entsteht nach und nach eine Kette solcher Momente, was im ganz normalen Alltag realisierbar ist. Plötzlich stellen wir fest, dass diese von Woche zu Woche, von Tag zu Tag länger wird. Der Anteil der ›bewussten‹

Momente des Tages steigt täglich. Unsere neue Perspektive beginnt sich buchstäblich in den Alltag zu integrieren.

Nach anfänglich erforderlicher Disziplin wird man also seinen ganz eigenen Rhythmus, die Frequenz der eigenen Meditation oder der meditativen Momente finden. Und je geübter man in der Praxis wird, umso öfter wird man dazu neigen, eine kleine Übungseinheit zu verschiedensten Tageszeiten an der Bushaltestelle, im Büro oder im Restaurant einzulegen. Schließlich sinkt mit steigender Praxis auch die Notwendigkeit bestimmter Sitzhaltungen oder Rituale, sodass die Übungen im Alltag für andere nicht sichtbar sind. Ich selbst bin nach mittlerweile drei Jahren der Praxis in der Lage mich zu fokussieren, ohne dabei in Stille oder mit geschlossenen Augen verweilen zu müssen, was die alltägliche Meditations-Dosis natürlich sehr einfach macht. Dennoch ist es nach wie vor eine Art ›Wellness-Einheit‹ für mich, diese Zeit in Stille zu finden und ausgiebig meditieren zu können. Hier gilt neben allen guten Ratschlägen: **Finde deinen eigenen Weg!**

Bin ich spirituell?

Nach all den Erfahrungen und insbesondere nach all den Brücken, die ich zur buddhistischen Lehre gebaut habe, stellt sich dem interessierten Leser und mir selbst natürlich die Frage: Bin ich jetzt doch spirituell? Ich meine, eigentlich wollte ich diese Frage doch von vorn herein mit einem klaren ›Nein!‹ beantworten können und habe dargelegt, dass Meditation meiner Meinung nach völlig unabhängig von jeglichem religiösen Glauben oder irgendeiner gearteten Gemeinschaft ist. Trotzdem kommt immer wieder dieser Bezug zum Buddhismus auf, der es mir vereinfacht, verschiedene Erfahrungen besser deuten zu können. Um diesen Umstand zu bewerten, sollten wir also noch einmal einen konkreteren Blick auf den Buddhismus und dessen ideologische Grundlagen riskieren.

Exkurs: Buddhismus

Auf den Seiten des Südwestdeutschen Rundfunks bin ich auf eine sehr schöne und treffende Zusammenfassung gestoßen, die die Grundannahmen des Buddhismus beschreibt und die ich mit freundlicher Zustimmung des SWR in Auszügen zitieren darf. Die Autorin Bettina Wiegand schreibt hier:

›Was ist Buddhismus?

Nach Buddha haben Erfahrungen und Geschehnisse ihre Ursachen nicht nur in diesem Leben, sondern auch in früheren Existenzen. Entsprechend wirken Gedanken, Rede und Handlung auch in die Zukunft – das sogenannte Karma-Prinzip. (...)

Wie auch Hinduismus und Taoismus ist Buddhas Lehre eine Erfahrungsreligion. Ziel ist die Entfaltung des eigenen Geistes, die "Buddha-Natur" zu erlangen. Damit ist gemeint, dass in jedem Menschen die Fähigkeit zur Erleuchtung bereits vorhanden ist. Der Weg dorthin führt über Selbstständigkeit und Eigenverantwortung des Menschen.

Im Buddhismus gibt es daher wenig Vorschriften von außen. Buddhas Belehrungen sollen bewusst hinterfragt und durch die eigenen Erfahrungen überprüft werden. "Triffst Du Buddha, töte ihn", lautet ein berühmtes Zitat, das dies ausdrückt.

(...)

Die Vier Edlen Wahrheiten

Buddha hat die Essenz seiner Lehre im Grunde in den "Vier Edlen Wahrheiten" zusammengefasst. Sie sollen helfen, das Leben zu durchschauen und zu bewältigen.

1. Was ist das Leiden?

Es gibt drei Arten von Leiden: Leid des Leidens, Leid der Veränderung, Leid der Bedingtheit. Das Leben selbst ist Leiden: Geburt, Arbeit, Trennung, Alter, Krankheit, Tod.

2. Wie entsteht das Leiden?

Durch Unwissenheit, Lebensdurst, Haften an Dingen, Gier, Hass und Verblendung.

3. Wie kann das Leiden überwunden werden?

Durch Aufgeben des Begehrens. Nur so wird neues Karma, die Folge von guten wie bösen Taten, vermieden.

4. Auf welchem Weg soll dies erreicht werden?

Auf dem Weg der vernünftigen Mitte - weder Genusssucht noch Selbstzüchtigung. Der berühmte achtfache Pfad zum Nirwana besteht in: rechte Erkenntnis und Gesinnung, rechte Rede, rechtes Handeln und Leben, rechte Anstrengung, Achtsamkeit und Sammlung.

Was ist die Ursache für Leiden?

Unsere Unwissenheit und das Nichtverstehen ist die Ursache allen Leidens. Aber was verstehen wir nicht? Unser ungeübter Geist ist unfähig wahrzunehmen, dass Seher, Gesehenes und Sehen sich gegenseitig bedingen. Sie existieren nicht unabhängig voneinander und auch nicht alleine aus sich heraus. Buddhas Erklärungen decken sich übrigens mit den Erkenntnissen der Relativitätstheorie und Quantentheorie, nach denen die Eigenschaften der Materie abhängig vom Beobachter ist. Es ist das Dilemma der Subjektivität der Erkenntnis.

Durch diese Unwissenheit entsteht die Erfahrung von Dualität. Wir teilen die Welt in "Ich"-Innenwelt und "Du"-Außenwelt. Obwohl die Dinge sich ständig verändern, halten wir an unserer Vorstellung fest, dass sie wirklich, beständig und von uns getrennt sind.

(...)

Unser Geist ist in seiner wahren Natur offen wie der Raum, eine Art zeitloser Behälter, der alles erscheinen lässt, umfasst und miteinander verbindet. Daher kann der Geist auch nicht sterben, wie der Körper. Der Geist bleibt jenseits von Tod und Zerfall. Ziel aller buddhistischen Bestrebungen ist die Erleuchtung. In diesem Zustand lösen sich unsere begrenzten Vorstellungen und Begriffswelten auf. Wir denken nicht mehr in Entweder-oder-Kategorien, sondern sind mit allem verbunden und verweilen bewusst im Hier und Jetzt.

Anderen helfen bringt gutes Karma

Karma bedeutet Handlung, wobei der Buddhismus drei Handlungen (Anmerkung v. L. Mette: Karma=Handlung) unterscheidet: die des Körpers, die der Rede und die des Geistes. Alle Formen des menschlichen Handelns erzeugen

Prägungen, die wiederum die Basis zukünftigen Handelns und Erfahrens sind. Der Begriff des Karma ist eng mit dem Konzept der Wiedergeburt verknüpft. Unsere Taten können gutes oder schlechtes Karma hervorrufen oder karmisch gesehen neutral sein. Entscheidend dafür ist die Motivation mit der eine Handlung ausgeführt wird.

(...)

Wiedergeburt bedeutet, dass die menschliche Seele nach dem Tod auf dieser Erde oder anderen Existenzbereichen als empfindendes Wesen wiedergeboren wird. Die Buddhisten glauben an ein Geist-Kontinuum, das viele Leben durchläuft. Deshalb wirkt Karma auch nicht nur im jetzigen Leben, sondern auch ins nächste hinein. Umgekehrt sind wir im jetzigen Leben Bedingungen ausgesetzt, die durch unser Karma in vorherigen Leben erzeugt wurden.‹
Quelle: http://www.planet-wissen.de/kultur/religion/buddhismus/pwiekernaussagendesbuddhismus100.html

Was heißt das für mich?

Wenn ich mir nun die grundlegenden Lehren des Buddhismus betrachte – und ich habe inzwischen so einige Bücher dazu gelesen – so stelle ich fest, was ich bereits vor einigen Jahren in Bezug auf das Christentum für mich erkannte: Die Welt ist nicht schwarz oder weiß. Es gibt Graustufen. Es existiert immer eine Art Ursprungslehre der

Religion, eher eine Lebensphilosophie. Im Verlauf der Geschichte kommen Menschen hinzu, die sicherlich in bester Absicht, diese Ursprungslehre erweitern und andere in ebenfalls bester Absicht unterweisen wollen. Was entsteht, ist eine Entwicklung, in der sich die jeweils aktuelle Lehre stark von der ursprünglichen Variante unterscheidet.

So hat der historische Buddha der Überlieferung nach keinesfalls feste Regeln aufgestellt. Er hat lediglich persönliche Erfahrung geteilt und betont, dass jene, die seinen Berichten folgen, ihre eigenen Erfahrungen machen und daraus resultierend ihre eigenen, persönlichen Regeln entwickeln mögen. Er selbst beschrieb nur EINEN möglichen Weg von unendlich vielen und legte sich darauf fest, dass die ›Erlösung‹ durch die Selbsterkenntnis bedingt wäre. Und die Fähigkeit trage jeder schon in sich, denn die Voraussetzung sei schlicht, die eigenen Fähigkeiten zu entfalten und sich von gewissen, sich negativ auf diese Entwicklung auswirkenden Dingen frei zu machen.

Hier wird deutlich, was den Unterschied dieser ›Religion‹ zu anderen ausmacht: Wir haben es nicht mit einer Glaubens-, sondern mit einer Erfahrungsreligion zu tun. Es geht also nicht darum, einen absoluten Glauben zu haben und diesem nachzueifern, sondern darum, eine Geisteshaltung der Offenheit und Empathie zu teilen. Auf dieser Basis soll man eigene Erfahrungen und Entwicklung erleben. Es sei gesagt, dass einige Arten des heutigen Buddhismus es nicht mehr derart liberal formulieren würden, aber genau hier liegt ja wieder das Problem mit Menschen, Hierarchien und Glaubensgemeinschaften, dem ich so gern aus dem Wege gehe. Reduziert man diese religiöse Lehre also auf die simplen Ursprünge, stellt sich die Frage, ob wir die Philosophie, diese Lebenseinstellung überhaupt mit dem Titel ›Religion‹ belegen müssten. Allerdings ist dies relativ unerheblich für die Meditationspraxis.

Im Internet kursieren einige vermeintliche Zitate seiner Heiligkeit des 14. Dalai-Lama, deren Herkunft sich allerdings nicht eindeutig verifizieren lassen. Hier heiß es: ›Ich glaube, die einzig wahre Religion besteht darin, ein gutes Herz zu haben‹ oder ›Es ist nicht von Bedeutung ob wir gläubig sind. Wichtig ist, dass wir ein gutes Herz haben‹. Ob diese Worte nun von seiner Heiligkeit stammen oder nicht, – zuzutrauen wäre es ihm – für mich spiegeln sie den Kern der Sache wider. Eine Kernaussage des Buddhismus ist es, die ›Buddha-Natur‹, also die ›Erleuchtung‹ oder im übertragenen Sinne ›das Göttliche, das alles verbindet‹, in sich selbst zu suchen, bzw. zu erkennen und hieraus die ganz eigene Lehre zu ziehen.

An diesen Vorsatz fühlte ich mich mit einem Schmunzeln erinnert, als ich seiner Heiligkeit dem 14. Dalai Lama am 13.09.2017 in Frankfurt per Webkonferenz zuhörte. Sinngemäß sagte er:

Die Christen beteten für Weltfrieden. Die Muslime beteten für Weltfrieden. Die Buddhisten beteten für Weltfrieden. Aber eingetreten ist der Weltfrieden bisher nicht. Das

Beten scheine daher nicht besonders effektiv zu sein. Vielmehr gehe es darum, selbst aktiv zu werden! Als ein Präsident eines indischen Staates ihn um Buddhas Segen gebeten habe, um in seinem Land Fortschritt zu erreichen, habe er erwidert, dass Buddhas Segen allein offenbar ja nichts bringe, denn dieser habe ja schließlich lang in der Region gelebt, für die nun Segen erbeten werde. Segen müsse also mehr als genug vorhanden sein. Allerdings wäre es vielleicht an der Zeit, diesen durch die Hände der zuständigen Minister laufen zu lassen, um etwas zu erreichen!

Hierin zeigt sich für mich: Es macht keinen Sinn sich hinter Religion, bedingungslosen Glauben und Gottheiten zu verstecken, um darauf zu warten, dass etwas Gutes geschieht. Wir sind selbst gefragt! Wir selbst müssen unser Umfeld positiv beeinflussen, unsere Kinder mit Bildung versorgen und sie zu Empathie und Gelassenheit erziehen. Es ist unerheblich, welchem Glauben wir folgen. Nur auf diese Weise werden wir nachhaltige Veränderungen zum Positiven für uns selbst und für unser Umfeld erreichen. Und auf diese Weise ist jeder mit jedem verbunden. Je effektiver dies in die Köpfe und Seelen möglichst vieler Menschen Einzug findet, umso besser wird die Welt für uns alle werden. Und damit befindet sich wirklich jeder von uns in einer gewissen Verantwortung, ganz bei sich damit zu beginnen, wie ich denke. Leider funktioniert dieser ›virale Effekt‹ des exponentiellen Wachstums von Populismus auch umgekehrt, wie man tagtäglich in den Nachrichten beobachten kann. Es scheint fast, als sei das Negative leichter in die Welt zu tragen, als das Positive, was wohl der Neigung zur ›systemischen Verzerrung‹ unseres Hirns geschuldet sein mag. Jedoch zeigt dieser Umstand lediglich, dass jeder von uns in der Verantwortung ist, durch eine ›Kultivierung‹ der positiven Denkweise und Perspektive, dem Pflegen der ›geistigen Hygiene‹, Verantwortung zu übernehmen.

Meine Antwort auf die Spiritualitätsfrage ist daher ein klares ›Jain‹. Ich glaube an die Kraft des eigenen Geistes und an das Werkzeug Meditation, das mich gelassener macht und damit die Ausganglage für eine ›unaufgeregtere‹ Betrachtung meines Selbst und meines Umfeldes schafft. Die hieraus resultierenden Handlungen wirken somit ebenfalls auf mein Umfeld. Ich freue mich darüber, wenn ich mich selbst dabei erwische ›Mitgefühl‹ zu entwickeln oder anderen eben nicht mit Argwohn zu begegnen, selbst wenn ich Grund dazu hätte. Insbesondere die Lehren des Buddhismus sind hilfreich dabei, im Alltag eine solche Perspektive einzunehmen und zu erhalten. Wenngleich das manchmal so gar nicht funktionieren mag, wenn ich mal wieder im Auto ausflippe und jenem ›Affen da vor mir‹ die Pest an den Hals wünsche! Grundsätzlich bin ich dennoch gelassener geworden. Ich sehe nach wie vor für mich nicht die Notwendigkeit, eine formelle Zugehörigkeit zu einer Glaubensgemeinschaft zu suchen. Somit bleibe ich bei meiner eingangs beschriebenen Sichtweise, definitiv kein Guru sein zu wollen und auch nicht in irgendeiner Form religiös zu sein. Stattdessen trainiere ich mein Hirn mit Gedankenmodellen und folge einer entsprechenden

Einstellung zum Leben. Und an dieser Stelle erscheinen mir persönlich jene Ansätze des ursprünglichen Buddhismus schlicht als sehr brauchbar!

Ein Fazit und eine Empfehlung

Lieber Leser, liebe Leserin, du magst es dir vielleicht schon gedacht haben: Die Antwort auf die Frage, ob und wie Gurus zur Toilette schweben ist so einfach, wie es zu vermuten war. Sie sind weder frei von Verdauung, noch schweben sie. Der Titel dieses Buches hätte also durchaus ebenfalls lauten können ›Auch ein Guru muss auf´s Klo‹.

Diese Erkenntnis finde ich allerdings alles andere als enttäuschend, vergegenwärtigt sie mir doch, dass auch Profi-Meditations-Künstler, ganz normale Menschen sind, so wie du und ich. Sie mögen einen gewissen Grad der Weisheit erlangt haben, zu übernatürlichen Wesen macht es sie anscheinend aber nicht. Zumindest konnte mir niemand seine Schwebekunst präsentieren. Und das wiederum ist es, was das Thema Meditation sogleich viel weniger mystisch und esoterisch macht. Tatsächlich haben wir es hier mit wissenschaftlich nachweisbaren Ergebnissen zu tun, die aus einem disziplinierten, mentalen Training resultieren und deren Effekte sich positiv auf die Gesamtkonstitution des Körpers auswirken. Sogar mehr noch: Verschiedenste Kulturen und Religionen auf der Welt haben diese Zusammenhänge entdeckt und weitergegeben, sodass uns ähnliche Methoden des mentalen Trainings an vielen dieser Stellen begegnen.

Es ist kein Geheimnis, dass der wohl größte Teil der Praktizierenden dieses Trainings sich der Visualisierung von religiöser Lehre bedienen. Das ist ja auch kein Problem. Jene Bilder helfen dabei, den entsprechenden Fokus zu finden und den Alltag außen vor zu lassen. Wer ein gutes Gefühl dabei hat, einer Glaubensgemeinschaft anzugehören, der darf das gern. Notwendig ist es jedoch nicht. Es bereichert die Meditation auch nicht um irgendeine Zauberei hinsichtlich der Reise zur Toilette.

Meditation fördert Gesundheit und Wohlbefinden auf eine besondere Weise. Sie beeinflusst das innere Gleichgewicht, das sich unmittelbar auf die Physis auswirkt. Aber das ist bei Weitem nicht alles. In den zurückliegenden Monaten half mir das mentale Training dabei, im Tagtäglichen authentischer zu sein und mich weder durch negative Erlebnisse, noch durch sonstige äußere Einflüsse dauerhaft von ›meinem‹ Weg abbringen zu lassen. Jene Veränderung der inneren Haltung setzt sich fort: Es ist diese Authentizität, die sich auf das Umfeld auswirkt. Mal funktioniert es besser, mal schlechter. Aber es funktioniert! Und es setzt sich in Form einer Art positiven Inspiration, als gutes Beispiel fort. Ich bin weder frei von jeglichem Groll oder negativen Gedanken, aber ich bin befreiter von diesen Teilen des alltäglichen Daseins und bin noch dazu in der Lage, diese Erkenntnis an andere weiterzugeben. Es ist, als helfe Meditation uns dabei, wir selbst zu werden.

Dieses schlichte Ergebnis veranlasst mich dazu, diese Perspektive beizubehalten und das mentale Training auch künftig fortzuführen. Jene veränderte Einstellung zum Leben hat alles in positivster Weise verändert, mich noch leistungsfähiger gemacht, weil ich Leistung eben nicht mehr um ihrer selbst willen erbringe. Ohne mich in eine Mönchsrobe zu wickeln oder mir Räucherstäbchen in die Ohren zu stecken, bin ich in der Lage, meine Erfahrungen zu teilen. Und zwar nur mit jenen, die sich dafür interessieren.

Wohin die Praxis mich selbst führen wird, das weiß ich nicht. Und vielleicht ist auch das eine wesentliche Erkenntnis des Selbstexperiments: Es ist nicht mehr wichtig für mich, alle Einzelheiten des vermutlich vor mir liegenden Weges zu analysieren. Ich bin inzwischen vor allem eines: HIER und JETZT.

DERFUCHS-VERLAG

www.DerFuchs-Verlag.de
info@DerFuchs-Verlag.de

Auch auf Facebook:
www.facebook.com/DerFuchsVerlag

Burn-Out oder voll Banane?!

von Len Mette

Psychisch erkrankt? Depression? Burn-out? Voll Banane? Ich? Das ist alles so unwirklich. Es kann doch nicht möglich sein, dass ich meinem eigenen Verstand nicht mehr trauen darf, meine eigenen Stimmungen nicht mehr unter Kontrolle habe! Bin ich überhaupt heilbar? Dieses Etwas, das ich da jeden Morgen im Spiegel anstarre, unterscheidet sich jedenfalls nicht wesentlich von einer oscarreifen Horrorszene. Und allmählich bekomme ich Angst vor all diesen Untoten, hier in der Klinik, in die ich mich nach langem Ringen begeben habe. Bin ich etwa genauso untot wie die?

Was reden die denn alle? ›Hilfe zur Selbsthilfe‹, ›Achtsamkeit und Meditation‹... Werden wir jetzt esoterisch oder was?! Ich will lieber verstehen, wie ich überhaupt derart unbemerkt zu einem dieser Zombies werden konnte! Ich schreibe es auf. Für Mich. Und für Dich.

Der Song zur Buchserie:
"Freischwimmer" von Len Mette.

Erhältlich als Download oder Stream im Onlinehandel.

Alle Informationen unter
www.mette.tv